Andrea Erkert

Raus in den Wald!

Spiele und Ideen rund um Wald und Wiese

HERDER

FREIBURG · BASEL · WIEN

3. Auflage

Gedruckt auf umweltfreundlichem, chlorfrei gebleichtem Papier
Umschlaggestaltung: R·M·E Roland Eschlbeck/Rosemarie Kreuzer
Umschlagfoto: Hartmut W. Schmidt, Freiburg
Layoutentwurf und Produktion: HellaDesign, Teningen
Illustrationen: Hans-Dieter Sumpf, Stuttgart
Lektorat: Cornelia Schönfeld, Freiburg

www.herder.de
Druck und Bindung: fgb · freiburger graphische betriebe 2009
www.fgb.de
ISBN: 978-3-451-28929-3

Inhalt

Vorwort

Raus in den Wald! – und nicht lange darüber nachgedacht, ob das Wetter gut oder schlecht wird. Denn mit der richtigen Kleidung macht es selbst bei Regen und Kälte Spaß, die kleinen Kostbarkeiten der Natur zu entdecken, zu sammeln und mit ihnen zu spielen. Sie stellen eine echte Alternative zu den zahlreichen vorgefertigten Spielobjekten dar, die durchaus wichtige Lernerfahrungen bieten können, jedoch meist wenig Raum für den Einfallsreichtum und die Handlungsmöglichkeiten der Kinder lassen.

Längst haben viele Erwachsene den Wert der vielseitigen Naturgegenstände für das kindliche Spiel erkannt. Aus diesem Grund setzen sich nicht nur Wald- und Naturkindergärten zunehmend durch, sondern stellen Wald- und Wiesentage auch in zahlreichen Tagesstätten und Grundschulen einen wesentlichen Bestandteil der pädagogischen Arbeit dar. Zudem geht der Trend verstärkt dahin, in den Innen- und Außenräumen gemeinsam mit Kindern und Eltern naturnahe Spiel- und Erlebnisbereiche zu schaffen, in denen die Kinder ihrer Fantasie freien Lauf lassen können. Im Außengelände gibt es beispielsweise Weidenhütten und Hecken zum Verstecken, Baumstämme zum Balancieren und Klettern, einen Fußerfahrungsweg für die taktile Wahrnehmung, einen Feuchtbiotop und Blumenbeete für Naturbeobachtungen. In den Innenräumen werden gesammelte Naturgegenstände gerne in der Puppenecke, auf dem Bauteppich, beim Basteln und Werken sowie für zahlreiche Spiele verwendet.

Neben den unerschöpflichen Spiel- und Erlebnismöglichkeiten, die sich im Wald, auf der Wiese, im naturnahen Außengelände oder im Naturhaus ergeben, eignen sich die Schätze aus der Natur auch hervorragend für angeleitete Spiele und Angebote. Das vorliegende Buch bietet hierfür zahlreiche Ideen und Anregungen. Bei den vorgestellten Spielen und Angeboten können die Kinder sich gegenseitig erleben, ihre Fähigkeiten entdecken, Selbstbewusstsein gewinnen und ganz nebenbei die unscheinbaren Dinge aus der Natur bewusst wahrnehmen und kennen lernen. Spielerisch werden unter anderem die Bewegungsfreude und die Motorik geschult, die Neugierde geweckt, die Beobachtungsgabe gefördert und das Wissen erweitert. Jahreszeitlich bedingte Veränderungen und

Geschehnisse werden bewusst, sodass sich die Kinder als Teil der Natur begreifen und Achtsamkeit gegenüber der Natur entwickeln.

Dieser Zielsetzung folgend gliedert sich das Buch in zehn Themenblöcke mit Spielen und Angeboten

- zur Begrüßung und Kontaktaufnahme,
- zum Bewegen und Achtsamkeit üben,
- zur Geschicklichkeit und Bewegungsfreude,
- zum Sprechen und Tränen lachen,
- zum Malen, Basteln und Gestalten,
- zum Zuhören und Bewegen,
- zum Musizieren, Bewegen und Tanzen,
- zum Nachdenken und Rätsel knacken,
- zum Entspannen und Träumen,
- für den guten Abschluss und die Vorfreude auf den Morgen.

Wissenswertes zu den einzelnen Themenblöcken wird zu Beginn eines jeden Kapitels erläutert. Sämtliche Spiele und Angebote sind erfolgreich erprobt und für die Praxis geschrieben. Sie lassen sich ohne großen Aufwand im Innen- und Außenbereich umsetzen. Gespielt wird mit einfachen Dingen aus der Natur und mit Materialien, die ohnehin in der Einrichtung vorhanden sind. Alle Spiele und Angebote eignen sich gleichermaßen für Vor- und Grundschulkinder.

Viel Spielfreude und viele gute Erkenntnisse
wünscht Ihre

Andrea Erkert

Gute Planung ist der halbe Erfolg

Ein Wald- und Wiesentag macht neugierig und ist spannend. Während bei Kindern meist die Vorfreude überwiegt, fragen interessierte Eltern erfahrungsgemäß: »Was ziehe ich meinem Kind an?«, »Was sollen die Kinder mitbringen?« und »Was machen die Kinder den ganzen Vormittag draußen?«. Diese Fragen lassen sich in einem Elternbrief gut beantworten.

Liebe Eltern,

wir wollen mit den Kindern hinaus in die Natur. Wir wollen in Bewegung kommen, mit allen Sinnen auf Entdeckungstour gehen und uns bewusst mit der Natur auseinandersetzen. Diese Erlebnisse und Erfahrungen animieren die Kinder zum Sprechen und Nachdenken, machen sie sensibel, achtsam und fördern ihr naturbewusstes Verhalten. Um diese Ziele zu erreichen, möchten wir

am .... , von .... bis .... Uhr

in unserer nächsten Umgebung auf Streifzug gehen. Wir wollen unseren Wald erkunden und eine Wildwiese erforschen, Sinnes- und Geschicklichkeitsspiele machen, Rätsel knacken, Tiere und Pflanzen beobachten, mit einfachen Naturgegenständen musizieren und kreativ sein. Außerdem wollen wir kleine Kostbarkeiten für unseren Jahreszeitentisch sowie zum Basteln, Werken und Gestalten sammeln.

Damit sich alle Kinder wohl fühlen und ohne Erkältungsgefahr im Freien verweilen können, brauchen wir wetterfeste Kleidung und Schuhe, die schmutzig werden dürfen. Als Proviant brauchen wir ein gesundes Pausenbrot, gut schmeckendes Obst oder Gemüse und durstlöschenden Tee. Um Abfall zu vermeiden, sollten alle Speisen in einer Plastikdose und Getränke in einer kleinen bruchsicheren Thermoskanne mitgegeben werden. Damit die Kinder ihre Hände zum Tasten, Sammeln und Klettern frei haben, sollte der Proviant in einem kleinen Rucksack transportiert werden.

Nun können wir nur noch auf schönes Wetter hoffen! Auf jeden Fall freuen wir uns mit den Kindern auf einen erlebnisreichen Wald- und Wiesentag!

Es grüßen Sie herzlich
die Kinder und die Erzieher/innen

Die Gestaltung des Elternbriefs

Elternbriefe werden bekanntlich eher gelesen, wenn sie ansprechend aufgemacht sind. Doch um die Leselust zu steigern, müssen sie keinesfalls aufwändig gestaltet sein. Einfache, originelle Ideen sind ebenso wirksam und sorgen dafür, dass der Inhalt des Elternbriefs noch lange in den Köpfen bleibt.

1. Vorschlag

- **Material:** für jedes Kind 1 kleiner Zweig, Blätter von Laubbäumen oder Wiesenblumen, lange Gras- oder Strohhalme, 1 Bogen dunkelgrünes Tonpapier, Tesafilm, 1 Klebestift, 1 Schere, 1 Silber- oder Goldstift

Die Kinder rollen ihren Elternbrief zusammen und kleben ein kleines Stück Tesafilm über das obere Papierende. Sie legen einen Zweig, Wiesenblumen oder trockenes Laub auf die Rolle und binden diese Materialien mit langen Gras- oder Strohhalmen fest. Aus dunkelgrünem Tonkarton schneiden sie ein 3 x 10 Zentimeter großes Rechteck zu, das wie ein Lesezeichen aussieht. Auf diesen Streifen schreiben sie mit dem Gold- oder Silberstift in Druckbuchstaben »Elternbrief«. Jüngere Kinder erhalten eine Vorlage. Den beschrifteten Streifen kleben die Kinder so auf die Rolle, dass die Aufschrift »Elternbrief« gut lesbar ist.

2. Vorschlag

- **Material:** für jedes Kind 1 dunkelblauer Filzstift, 1 DIN A3-Bogen hellgrünes Tonpapier, Holzbuntstifte, 1 Klebestift

- **Vorbereitung:** Die Zielorte in der Natur werden fotografiert, ausgedruckt und für jedes Kind im DIN A5-Format kopiert.

Die Kinder falten einen hellgrünen DIN A3-Bogen Tonpapier in der Mitte und kleben darauf ihre Fotokopie vom Wald. Mit dunkelblauem Filzstift schreiben sie – eventuell mit Hilfe einer Vorlage – direkt über das Foto in Druckschrift »Elternbrief«. Auf dem freien Rand malen sie

mit Holzstiften einige Naturmaterialien, die zu dem Waldbild passen. Das Foto von der Wildwiese kleben die Kinder auf die Rückseite des Tonpapiers. Diesmal schreiben sie ihren Vornamen über das Bild, sodass die Karten schnell ihren Besitzern zugeordnet werden können. Zum Schluss kleben sie den Elternbrief auf die Innenseite ihrer Karte.

Zuhören, mitmachen und Regeln vereinbaren

Bevor es mit den Kindern in die freie Natur geht, werden miteinander einige wichtige Regeln vereinbart, die kurz und präzise sein sollten. Wie die Kinder solche Regeln finden können, zeigt die folgende Mitmachgeschichte.

- **Material:** mehrere Stofftiere (Hase, Igel, Eichhörnchen, Maus), getrocknetes Laub, 3 bis 4 Topfpflanzen, Vergrößerungsgläser oder Lupendosen, leere und gereinigte Verpackungsmaterialien

Auf dem Boden des Spielfeldes werden die Stofftiere, die Topfpflanzen und die Aufbewahrungsgefäße wahllos verteilt. Alle Kinder erhalten ein Vergrößerungsglas oder eine Lupendose und bilden Paare. Die Spielleitung geht voran, während sie laut und deutlich spricht:

Wir bleiben in der Gruppe.
Wir sind eine tolle Truppe!
(Miteinander umrunden die Kinder einmal das gesamte Spielfeld.)
Wir sind in der Natur leise.
So beginnt die Entdeckungsreise.
(Alle Kinder bleiben stehen, sind ganz leise und hören aufmerksam zu.)
Wir lassen die Pflanzen stehen.
Durch die Lupe ist viel zu sehen.
(Sie betreten das Spielfeld, um die Topfpflanzen durch die Lupe zu beobachten.)
Wir lassen die Tiere leben.
Sie sind für alle ein Segen.
(Die Kinder gehen zu den Stofftieren und bleiben stehen.)
Tote Tiere lassen wir am Ort.
Der Förster bringt sie dann fort.
(Alle Kinder lassen die Stofftiere auf dem Boden liegen.)
Unsere Hände sind frei beim Laufen.
Ab und zu wollen wir auch verschnaufen.
(Die Kinder laufen umher und zeigen sich gegenseitig ihre Hände.)
Wir essen nur, was wir dabei haben.
Das ist am besten für unseren Magen.
(Sie bleiben stehen und tun so, als würden sie ihr Vesper aus dem Rucksack holen und verspeisen.)
Wir räumen unseren Müll stets weg.
Den Wald zu verschmutzen, hat keinen Zweck!
Denn wir brauchen die Natur zum Leben.
Sie ist und bleibt für alle ein großer Segen!
(Die Kinder heben die Verpackungsmaterialien vom Boden auf und werfen sie in die entsprechenden Mülleimer.)

Am Ende der Mitmachgeschichte bilden die Kinder einen Sitzkreis und vereinbaren gemeinsam positiv formulierte Regeln, die ähnlich wie die fett gedruckten Sätze in der Geschichte lauten können.

Woran wir noch denken sollten!

Das Wald- und Wiesenstück sollte für alle Kinder gut erreichbar sein, damit die Kinder nicht schon bei der Ankunft am Zielort erschöpft sind. Anderenfalls empfiehlt es sich, den eigenen Bus oder öffentliche Verkehrsmittel zu benutzen. Damit sich die Kinder im Straßenverkehr sicher bewegen, müssen sie wissen, wie sie sich zu verhalten haben. Insbesondere wenn der Weg durch die Stadt führt, muss die Gruppenleitung alle Kinder gut kennen und einschätzen können. Im Vorfeld gilt zu klären: »Wen nehme ich lieber an die Hand?«, »Wer kann mit wem gut laufen?« und »Welche Begleitperson geht am Schluss der Gruppe, welche in der Mitte und wer führt die Gruppe?«.

Bevor es in die Natur geht, sollten die Betreuungskräfte das Wald- und Wiesenstück selbst erkunden. Waldwege und Wiesenhänge, die nicht zu steil sind, können alle Kinder gut bestreiten. Auch sollte die Route nicht zu lang sein. Gleiches gilt für die angeleiteten Spiel- und Beschäftigungsangebote. Die Kinder brauchen immer wieder kleine Pausen, bei denen sie verschnaufen, sich stärken und natürlich eigene Spielideen entwickeln können.

Die gesammelten Naturmaterialien, eine Decke, eine Toilettenrolle für die Notdurft, Wechselkleidung, ein Kanister Leitungswasser zum Händewaschen und Kleinigkeiten wie vier bis sechs unzerbrechliche Spiegel lassen sich bequem im Bollerwagen transportieren. In den Rucksack der Betreuungskräfte gehören ein Handy für den Notfall, Papiertaschentücher, ein Taschenmesser, eine Trillerpfeife und eine Erste-Hilfe-Tasche. Und was können die Kinder in ihrem eigenen Rucksack mitnehmen? Ein faltbares Isokissen ist sehr wichtig, damit sie beim Sitzen oder Knien auf kühlem Untergrund geschützt sind. Zum Beobachten von Pflanzen und Tieren brauchen sie ein Vergrößerungsglas oder eine Lupendose. Ein paar kopierte Pflanzen- und Tierkarten machen auf die gängigsten Pflanzen und Tiere aufmerksam, laden zum Suchen und Bestimmen ein. Zudem sollte jeder kleine Naturforscher eine Waldschaufel und eine Stofftasche für seine gesammelten Schätze im Rucksack vorfinden.

Das Eis zum Schmelzen bringen

Spiele zur Begrüßung und zum Kennenlernen

Beginnt der Tag in der Gruppe gut, sind die Kinder in der Regel fröhlich, ausgeglichen und gehen ihren Tag entspannt an. Deshalb sollte ein guter Start in den Tag eine Selbstverständlichkeit sein. Neben Begrüßungsliedern gehören in vielen Gruppen auch Spiele zum Tagesanfang. Dabei ist nicht nur das gegenseitige Zuwinken oder Zuzwinkern gefragt, sondern das gemeinsame Tun. Insbesondere einfache und fantasievolle Spiele mit Naturgegenständen bringen Schwung ins Spiel und helfen so genannten Morgenmuffeln ihren Tag voller Freude zu beginnen.
Dennoch braucht es manchmal mehr als »nur« ein Spiel zur Begrüßung. Das kann der Fall sein, wenn die Kinder einander noch fremd sind oder sie erstmals eine bereits bestehende Gruppe betreten. »Wie werden mich die anderen Kinder aufnehmen? Werde ich schnell Freunde finden oder bleibe ich gar am Ende allein?« Diese und andere Fragen gehen so manchem Neuankömmling durch den Kopf. Um ihnen den Einstieg in die Gruppe zu erleichtern, ihre Freude auf das Miteinander zu steigern und ihre Ängste oder Bedenken zu nehmen, eignen sich Spiele mit einfachen Regeln und Naturgegenständen, bei denen das Zugehörigkeitsgefühl und Gruppenerleben im Vordergrund stehen. Mithilfe eines Naturgegenstands in Bewegung oder ins Gespräch zu kommen, zu lachen, eine Aufgabe zu bewältigen und Spaß zu haben, das schweißt zusammen und verdeutlicht allen Kindern, wie wichtig jeder Einzelne für die Gruppe ist!

Halli, hallo!

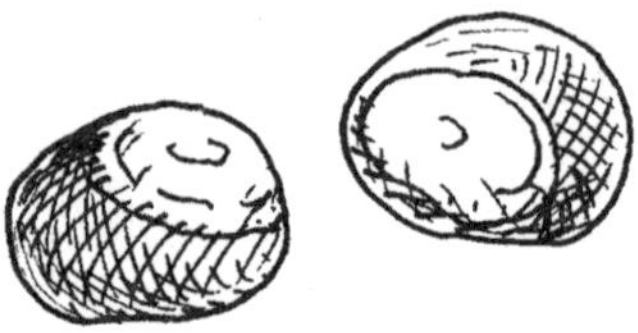

- **Spieler/innen:** ab 8 Kinder
- **Material:** 1 Kastanie

Alle Kinder bilden einen Kreis. In der Mitte steht die Spielleitung und hält eine Kastanie in der Hand. Ein Kind beginnt und begrüßt seinen rechten Nachbarn mit »Halli!«. Dieser antwortet mit »Hallo!«. Auf diese Weise sagen alle Kinder reihum entweder »Halli!« oder »Hallo!« und merken sich ihr Grußwort. Danach blinzelt die Spielleitung einem Kind zu, das nun ebenfalls in die Mitte geht und die Kastanie erhält. Sobald das Kind sein Grußwort gesagt hat, tauschen alle anderen ihre Plätze. Danach zwinkert das Kind in der Kreismitte einem Kind zu, von dem es glaubt, dass es mit dem gleichen Gruß antwortet. Trifft das zu, tauschen die beiden Kinder ihre Plätze und eine neue Spielrunde beginnt. Sollte das ausgewählte Kind jedoch mit dem anderen Gruß antworten, laufen alle blitzschnell zur Spielleitung. Wer als Erster die Spielleitung berührt, erhält die Kastanie und eröffnet mit einem Zwinkern die nächste Spielrunde.

Pustewind

- **Spieler/innen:** ab 5 Kinder
- **Material:** für jedes Kind 1 großes Pflanzenblatt

Alle Kinder suchen sich ein großes Pflanzenblatt und bilden einen Kreis. Danach sagen sie folgenden Spruch auf, zu dem sie die entsprechenden Bewegungen machen:

Wir winken uns gegenseitig mit den Blättern zu!
Das machen wir gemeinsam und in aller Ruh'!
Alle Kinder winken sich gegenseitig mit ihren Blättern zu.

Der Pustewind weht die Blätter ganz weit fort.
Er trägt sie behutsam zu einem anderen Ort.
Die Kinder pusten ihre Blätter an und lassen sie schließlich los.

»Guten Tag«, sagen wir dem einen und anderen Kind.
Dabei bläst uns sanft ins Gesicht der Pustewind.
Die Kinder begrüßen ihren rechten und linken Nachbarn und pusten sich gegenseitig behutsam ins Gesicht.

Blumengruß – Tanzspiel

- **Spieler/innen:** ab 5 Kinder
- **Material:** 1 Sonnenblume, flotte Tanzmusik

Alle Kinder bilden einen Kreis. Ein Kind erhält eine Sonnenblume und begibt sich mit der Blume in der Hand in die Kreismitte. Sobald die Musik erklingt, beginnt es zu tanzen, während die Gruppe im Takt zur Musik klatscht. Nach einiger Zeit drückt die Spielleitung die Pausentaste des CD-Players. In diesem Moment bleibt das Kind stehen und ruft: »Ich möchte *Lisa* einen Blumengruß überbringen.« Daraufhin geht *Lisa* in die Kreismitte und erhält die Sonnenblume. Die Musik erklingt erneut und beide Kinder tanzen bis zum nächsten Musikstopp vergnügt im Innenkreis herum. Auf diese Art wird das Spiel so oft wiederholt, bis alle Kinder einen Blumengruß erhalten haben und tanzen.

Topfschlagen und begrüßen

- **Spieler/innen:** 4 bis 6 Kinder
- **Material:** 1 Küchentopf, 1 Kochlöffel, 1 Augenbinde, 1 Korb, für jedes Kind ein anderes Naturmaterial

»Topfschlagen« gehört zu den klassischen Kindergeburtstagspielen. Ein wenig abgeändert, eignet es sich auch zum gegenseitigen Kennenlernen. Machen mehr als 6 Kinder mit, empfiehlt es sich zwei bis drei Kleingruppen zu bilden, die getrennt voneinander spielen.

In einem Korb befinden sich eine Kastanie, etwas Moos, ein Stück Rinde, ein Tannenzapfen und andere Naturmaterialien. In der Mitte des Spielfeldes steht ein umgedrehter Kochtopf auf dem Boden. Nacheinander holen sich die Kinder je eines der Naturmaterialien aus dem Korb. Die Spielleitung wählt ein Kind aus, das sein Naturmaterial zur Seite legt und sich die Augen verbinden lässt. Danach blinzelt die Spielleitung einem anderen Kind zu. Dies geht auf das Spielfeld, verschiebt den Kochtopf und versteckt zum Schluss sein Naturmaterial darunter, ehe es wieder an seinen Platz zurückgeht. Das Kind mit der Augenbinde dreht sich langsam um die eigene Achse, kniet sich auf den Boden und erhält einen Kochlöffel, mit dem es sich tastend auf die Suche nach dem Topf macht. Je nachdem, ob das Kind sich in der Nähe des Kochtopfs befindet oder nicht, rufen die anderen Kinder »Warm!« oder »Kalt!«. Schlägt das Kind auf den Topf, nimmt es die Augenbinde ab, dreht den Kochtopf um, nimmt das Naturmaterial und sucht das Kind, welches mit leeren Händen in der Runde steht. Es geht auf das betreffende Kind zu, um es zu begrüßen.

Willkommen unter meinem Baum!

- **Spieler/innen:** ab 6 Kinder
- **Material:** 2 kurze, dicke Stöcke, 2 bis 3 große Bäume, die nicht zu weit voneinander stehen

Die Spielleitung schlägt mit beiden Stöcken einen beliebigen Rhythmus, zu dem die Kinder im Spielfeld umhergehen. Plötzlich verstummt das Klopfen und alle Kinder laufen zu den Bäumen. Finden sich mehrere Kinder unter einem Baum zusammen, begrüßen sie sich gegenseitig. Bleibt ein Kind allein unter einem Baum stehen, erhält es die beiden Stöcke und darf in der nächsten Spielrunde einen neuen Rhythmus vorgeben.

Spielvariation: Die Kinder hüpfen solange wie Hasen umher, bis die Spielleitung einmal kräftig auf beide Stöcke schlägt. Das ist das Startzeichen, um sich einen Baum zu suchen.

Vögelein, Vögelein fliege aus!

- **Spieler/innen:** ab 6 Kinder
- **Material:** gesammeltes Laub

Bis auf ein Kind sammeln die Kinder Laub und stellen sich im Kreis auf, um jeweils ein Nest auszulegen. Zwischen den einzelnen Nestern lassen sie genügend Platz zum Laufen. Während die Kinder wie kleine Vögelein in ihren Nestern stehen, begibt sich das andere Kind in die Kreismitte und ruft: »Vögelein, Vögelein

fliege aus!« Daraufhin müssen sich alle Vögelchen ein neues Nest suchen und das Kind in der Kreismitte zu sich locken, indem sie ihm zuwinken oder zuzwinkern. Das Kind geht zu einem Nest, begrüßt das Vögelein und tauscht mit ihm den Platz. Das ausgewählte Kind überlegt sich eine weitere Tierart und ruft: »Eichhörnchen, Eichhörnchen verlasse dein Nest!« Daraufhin müssen alle Eichhörnchen im Kreis herumspringen und sich ein neues Nest suchen.

Hallo, Zapfen gesucht!

- **Spieler/innen:** ab 8 Kinder
- **Material für 8 Kinder:** 1 Stoffsäckchen, 4 Steinchen, 4 Tannenzapfen

Jeweils vier Kinder suchen sich ein bestimmtes Naturmaterial. Dann bilden alle Kinder einen Kreis. Ein Kind erhält ein Stoffsäckchen, in dem sich die gesammelten Steinchen und Tannenzapfen befinden. Reihum greifen die Kinder in den Beutel und nehmen sich ein beliebiges Stück heraus. Dann sucht sich jeder die anderen drei Kinder, die im Besitz der gleichen Naturmaterialien sind. Die zusammengehörigen Kinder bilden einen Kreis und stellen sich nacheinander vor. Sie legen alle Steinchen und Tannenzapfen in den Beutel zurück, bilden einen Kreis und beginnen das Spiel erneut.

Spielvariation: Je vier Kinder mit zwei Steinchen und Tannenzapfen bilden einen Kreis und begrüßen sich gegenseitig.

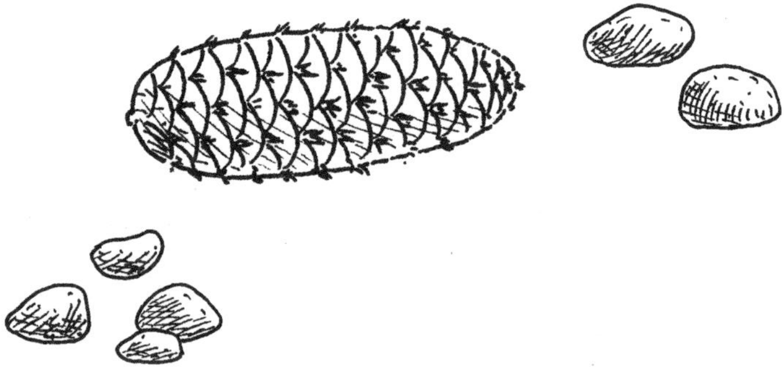

Wer hat die Walnuss?

- **Spieler/innen:** ab 6 Kinder
- **Material:** 1 Walnuss, für jedes Kind 1 Kieselstein

Alle Kinder sitzen dicht beieinander im Kreis und erhalten je einen Kieselstein. Im Gegensatz zu den Kindern erhält die Spielleitung eine Walnuss. Während die Kieselsteine und die Nuss von Hand zu Hand im Uhrzeigersinn weitergegeben werden, sagen die Kinder folgenden Reim:

> Von Hand zu Hand reichen wir die Steine und die Nuss,
> doch dann ist plötzlich, plötzlich, plötzlich ... Schluss!

Um die Spannung zu steigern, wiederholt die Gruppe das Wort »plötzlich« so oft, bis die Spielleitung auf einmal in die Hände klatscht und laut »Schluss!« ruft. Dasjenige Kind, das in diesem Moment die Nuss in den Händen hält, darf sich der Gruppe vorstellen.

Schau nach, wer sich vorstellen darf!

- **Spieler/innen:** ab 6 Kinder
- **Material:** für jedes Kind 2 gleiche Naturmaterialien, 1 undurchsichtiger Plastikbecher

Jedes Kind erhält einen undurchsichtigen Plastikbecher und zwei Kieselsteine, Haselnüsse, Kastanien oder dergleichen. In der Mitte ihres Sitzkissen- oder Stuhlkreises platzieren die Kinder eines ihrer beiden Naturmaterialien und stülpen ihren Plastikbecher darüber.
Die Spielleitung geht in die Kreismitte und dreht einen beliebigen Becher um. Liegt darunter eine Kastanie, geht dasjenige Kind, das eine Kastanie in den Händen hält, in die Mitte und nennt laut seinen Namen. Es dreht einen weiteren Becher um und geht zurück auf seinen Platz. Daraufhin begibt sich das Kind in die Kreismitte, dessen Naturmaterial gerade aufgedeckt wurde. Erst wenn alle Naturmaterialien gut sichtbar in der Stuhlkreismitte liegen, ist das Spiel beendet.

Weiterführende Möglichkeit: Ein Kind wird ausgezählt, geht in die Kreismitte und überbringt eines der ausgelegten Naturmaterialien dem Besitzerkind. Um die Aufgabe gut zu erfüllen, vergleicht es das ausgewählte Stück mit denen, die vor den Füßen der Kinder liegen. Allerdings darf das Kind erst dann seinen Platz mit dem Besitzer tauschen, wenn es dessen Namen weiß. Ansonsten muss es das Spiel mit einem anderen Naturmaterial fortsetzen.

Welches Kind darf in die Kreismitte?

- **Spieler/innen:** ab 5 Kinder
- **Material für 5 Kinder:** 1 Kastanie, 1 Zweig, 1 Blatt, 1 Tannenzapfen, 1 Steinchen

Alle Kinder sitzen im Kreis und erhalten eines der Naturmaterialien. Die Spielleitung eröffnet die Vorstellungsrunde, indem sie sagt: »Das Kind mit der Kastanie darf in die Mitte. Sag' uns bitte deinen Vornamen!« Daraufhin darf das Kind mit der Kastanie in die Kreismitte treten und seinen Vornamen laut sagen. Anschließend wiederholt das Kind das Spiel und benennt auf die gleiche Art das Steinchen. Die beiden Kinder tauschen ihre Plätze und das ausgewählte Kind, das in der Kreismitte steht, wiederholt das Spiel. Erst wenn sich alle Kinder vorgestellt haben, ist das Spiel beendet.

Das Inselsuchspiel

- **Spieler/innen:** ab 4 Kinder
- **Material:** 1 offene Schachtel, etwas Sand, kleine Kieselsteine

Die Kinder bedecken den Boden einer leeren Schachtel mit etwas Sand und einigen Kieselsteinen. Fertig ist die kleine Insel vom Sandkasten oder Kiesweg! Dann stellen sie sich im Kreis auf und schließen ihre Augen. Die Spielleitung geht im Außenkreis herum und tippt einem Kind auf die Schulter, das die Augen öffnet und die Insel erhält. Das

Kind versteckt die Insel möglichst leise. Es geht in die Kreismitte und bewegt sich so, als ob es schwimmen würde. Dabei ruft es: »Ich heiße *Mirsat*, schwimme im Waldsee und vermisse meine Insel sehr!« Die Kinder öffnen ihre Augen und machen sich auf die Suche nach der Insel. Dasjenige Kind, das die Insel am schnellsten findet, bringt diese *Mirsat* zurück. Bevor jedoch *Mirsat* die Insel annimmt, muss das Kind dessen Namen wiederholen. Ansonsten darf *Mirsat* noch einmal seinen Namen nennen und das Spiel wiederholen.

Stopp! Wie heißt du?

- **Spieler/innen:** ab 4 Kinder
- **Material:** 1 Kastanie, 2 kurze, dicke Stöcke

Alle Kinder sitzen im Kreis. Die Spielleitung zeigt den Kindern eine Kastanie mit ihrer äußeren Umhüllung und erklärt, dass sich unter dem »stachligen Kleid« eine glänzend braune Kastanie verbirgt. Während sie diese vorsichtig herausholt, erfahren die Kinder: »So ähnlich ist es auch in einer neuen Gruppe. Erst wenn wir uns öffnen, können wir uns besser kennen lernen und viele Dinge miteinander erleben.«
Danach erhält ein Kind die Kastanie und wartet ab, bis die Spielleitung einmal gegen seine beiden Stöcke schlägt. Das ist das Zeichen, die Kastanie einem seiner beiden Nachbarn zu übergeben oder einem anderen Kind zuzurollen. Das ausgewählte Kind wartet auf den nächsten Schlag, um die Kastanie auf die gleiche Art weiterzureichen. Das Spiel wird solange fortgeführt, bis die Spielleitung »Stopp!« ruft. Dasjenige Kind, das gerade die Kastanie in den Händen hält, darf sich der Gruppe vorstellen und die Rolle der Spielleitung übernehmen.

Sich austoben und Achtsamkeit entwickeln

Spiele für den Bewegungsdrang und für Ruheerlebnisse

Spiele, bei denen Bewegung und Ruheerlebnisse nicht zu kurz kommen, entsprechen dem kindlichen Bedürfnis nach toben, springen, hüpfen oder klettern. Dabei handelt es sich nicht um klassische Bewegungsspiele oder Stilleübungen, sondern um eine gelungene Symbiose von Bewegung und Entspannung. Diese steigern ohne großes Zutun die Kondition, regen die Fantasie an und schärfen die Wahrnehmung. Das Wechselspiel von Bewegung und Entspannung ermöglicht insbesondere zappeligen Kindern, sich auf ruhige Momente einzulassen, sodass Aufforderungen wie »Jetzt sei doch bitte mal still!« hinfällig werden. Abgesehen davon, dass solche Ermahnungen kaum den gewünschten Erfolg bringen, können Kinder beim abwechslungsreichen Spiel sich selbst sowie ihre unmittelbare Umgebung bewusst entdecken und erleben, während sie ganz nebenbei zur Ruhe kommen. Besonders sinnvoll ist bei diesen Angeboten der Einsatz von einfachen und vielseitig nutzbaren Naturmaterialien, die gleichermaßen zum Bewegen und intensiven Wahrnehmen einladen. Sie sorgen dafür, dass alle Kinder gerne aktiv mitmachen, sich ganz bewusst auf eine Sache einlassen und die Spiele bis zum Ende durchhalten.

Taste und suche schnell!

- **Spieler/innen:** ab 2 Kinder
- **Material:** für jedes Kind 1 Pflanzenblatt, 1 Kieselstein, 1 Eichel, 1 Walnuss, 1 Kastanie, 1 Haselnuss, 1 undurchsichtiger Becher, 1 Tastbeutel
- **Material für die Gruppe:** die gleichen Naturmaterialen wie für die Kinder, 6 undurchsichtige Becher, viele Klebepunkte

Vor den Augen der Kinder verteilt die Spielleitung je eines der sechs Naturmaterialien auf einem Tisch und stülpt über jedes einen undurchsichtigen Becher. Danach wird jeder Tastbeutel mit dem gleichen Inhalt gefüllt. Anschließend erhält jedes Kind einen der Tastbeutel. Das Spiel beginnt, indem die Spielleitung eines der Naturmaterialien benennt. Das Kind, das als Erstes das gesuchte Naturmaterial ertastet und in die Luft hält, darf einen Klebepunkt auf seiner Kleidung anbringen. Auf ein Startzeichen der Spielleitung rennen die Kinder los, um den Becher unter dem sich das ertaste Naturmaterial befindet, zu suchen. Dasjenige Kind, das die Aufgabe am schnellsten löst, erhält einen weiteren Klebepunkt. Danach beginnt eine neue Spielrunde. Nach drei bis vier Durchgängen wird ermittelt, welches Kind im Besitz der meisten Klebepunkte ist und als Sieger/in einen kräftigen Applaus erhält!

Fleißige Eichhörnchen

- **Spieler/innen:** ab 2 Kinder
- **Material:** für jede Gruppe einige Haselnüsse, 1 Korb

Die Spielleitung berichtet den Kindern, dass Eichhörnchen Winterruhe halten. Ab und zu wachen sie auf, um Futter aus ihrem Wintervorrat aufzunehmen. Damit der Wintervorrat möglichst üppig ausfällt, muss dieser im Herbst eifrig gesammelt werden. Doch welche Eichhörnchen-Gruppe kann

die Aufgabe am schnellsten erfüllen? Um diese Frage zu klären, bilden die Kinder zwei gleich große Gruppen, die sich mit dem Rücken zum Rand des Spielfeldes aufstellen. Währenddessen verteilt die Spielleitung unzählige Haselnüsse auf dem Spielfeld. Zudem erhält jede Gruppe einen Korb, in den sie die gesammelten Nüsse legen muss. Auf ein Startzeichen der Spielleitung sammeln die Eichhörnchen-Gruppen um die Wette die Nüsse für ihren Wintervorrat ein. Dabei dürfen die Kinder immer nur eine Nuss aufheben und in ihren Korb legen. Sind alle Nüsse aufgesammelt, schließt ein Kind aus jeder Gruppe die Augen und zählt die Nüsse im Korb seiner Gruppe. Sieger ist die Eichhörnchen-Gruppe mit den meisten richtig gezählten Nüssen! Zur Feier werden alle Nüsse aufgegessen.

Blinde Kuh, ertaste was ich besitze

- **Spieler/innen:** ab 6 Kinder
- **Material für 6 Kinder:** 1 Augenbinde, 2 Kieselsteine, 1 Kastanie, 1 Hölzchen

Bis auf ein Kind erhalten alle Kinder jeweils eines der Naturmaterialien und bilden einen Kreis. Das verbliebene Kind stellt sich in die Kreismitte und lässt sich die Augen verbinden. Ähnlich wie bei dem altbekannten Spiel »Blinde Kuh« muss es ein Kind fangen. Die anderen Kinder dürfen die »Blinde Kuh« necken und rufen es mit »Fang mich doch!« in ihre Richtung. Wird ein Kind gefangen, übergibt es der »Blinden Kuh« sein Naturmaterial. Die »Blinde Kuh« tastet es ab und versucht, es zu erkennen. Hat sie die richtige Lösung genannt, darf sie die Augenbinde abnehmen und diese dem gefangenen Kind übergeben. Sollte die »Blinde Kuh« das Naturmaterial nicht ertasten können, wird das Spiel wiederholt.

Das Nest ist voll!

- **Spieler/innen:** ab 12 Kinder
- **Material:** kleine Stöcke

Die Kinder bilden vier gleich große Gruppen. In der Mitte des Spielfeldes verteilen sich zwei Gruppen und erhalten kleine Stöcke, mit denen sie jeweils ein Nest legen. Alle übrigen Kinder bilden einen großen Kreis, knien sich ganz ruhig auf den Boden und beobachten die beiden Gruppen beim Nestbau. Auf ein Startzeichen der Spielleitung verlassen die Nestbauer die Kreismitte, um die Küken zu holen und in ihr Nest zu bringen. Die Gruppe, die ihr Nest zuerst mit den meisten Küken füllt, ruft ganz laut: »Das Nest ist voll!«. Danach tauschen die Gruppen ihre Rollen.

Such-Gedächtnisspiel

- **Spieler/innen:** ab 12 Kinder
- **Material:** 1 Notizblock, 1 Stift, 1 großes Tuch, 2 Kastanien, 2 kleine Stöcke, 2 Steinchen, 2 Kleeblätter, 2 Tannenzapfen, 2 kleine Hölzer

Kinder haben meist große Freude daran, gegen eine andere Gruppe anzutreten, sich miteinander zu messen und dabei stets den Sieg vor Augen zu haben. Dennoch kann das Verlieren manchmal schwierig sein, sodass es weiterer Aufgaben bedarf, die das Blatt meist schnell wieder wenden.

Die Spielleitung versteckt alle Naturmaterialien. Dann bilden die Kinder zwei gleich große Gruppen. Auf ein Startzeichen der Spielleitung darf jedes Kind einen Gegenstand suchen. Die besondere Aufgabe besteht darin, dass jeder Gegenstand nur einmal in der Gruppe vorkommen darf. Diejenige Gruppe bekommt einen Punkt, die zuerst im Kreis sitzt und die meisten unterschiedlichen Naturmaterialien in der Kreismitte platzieren konnte. Diesen Punkt kann die andere Gruppe jedoch leicht wieder aufholen, denn jetzt beginnt der zweite Teil des Spiels. Jede Gruppe darf die Naturmaterialien der anderen Gruppe begutachten,

welche die Spielleitung mit einem großen Tuch abdeckt. Die Kinder der Gruppe ohne Punkt machen den Anfang. Nacheinander dürfen sie eines der verdeckten Naturmaterialien benennen. Die Spielleitung notiert die Antworten und achtet darauf, dass kein Kind einen bereits genannten Gegenstand aufzählt. Zur Kontrolle decken die Kinder die Naturmaterialien auf. Für jede richtige Antwort gibt es einen Punkt. Danach ist die zweite Gruppe an der Reihe, die auf die gleiche Art das Spiel wiederholt. Sieger ist diejenige Gruppe, welche beide Spielrunden besonders gut meistern konnte.

Erkennen und losrennen!

- **Spieler/innen:** ab 6 Kinder
- **Material:** 1 Tastsäckchen, unterschiedliche Naturgegenstände

Bis auf ein Kind sitzen alle mit geschlossenen Augen im Kreis. Währenddessen füllt das verbliebene Kind einen der Naturgegenstände in das Tastsäckchen und hüpft im Uhrzeigersinn um den Kreis herum. Dann bittet es die Gruppe, die Augen zu öffnen, legt das Tastsäckchen in den Schoß eines Kindes und hüpft weiter. Das ausgewählte Kind nimmt das Tastsäckchen, greift hinein und ertastet seinen Inhalt. Glaubt es den Gegenstand zu erkennen, ruft es laut seine Vermutung. Bestätigt das hüpfende Kind seine Lösung, springt es auf und läuft ihm hinterher, um es zu fangen. Gelingt ihm dies, muss das gefangene Kind bei der Spielleitung eine Haarspange oder eine Kappe als Pfand abgeben und eine weitere Spielrunde beginnen. Sollte das hüpfende Kind jedoch in die Kreislücke gelangen, darf das fangende Kind das Spiel auf die gleiche Art fortsetzen. Nach ein paar Spielrunden dürfen die Kinder ihr Pfand wieder einlösen, indem sie

- auf einem Baumstamm balancieren,
- auf einem Bein über einen Stock springen,
- zwei bis drei Kieselsteine aufeinander türmen,
- auf dem Handrücken ein Pflanzenblatt im Kreis herumtragen oder
- aus Grashalmen ein Muster legen.

Hilfe, der Laublauscher kommt!

- **Spieler/innen:** ab 6 Kinder
- **Material:** möglichst viele Laubblätter

Ein Kind spielt den Laublauscher und geht in die Mitte des Spielfeldes. Die anderen Kinder bilden einen Kreis um den Laublauscher herum und legen ihre gesammelten Herbstblätter vor sich auf den Boden. Sobald der Laublauscher seine Augen schließt, sind alle Kinder ganz leise. Nun blinzelt die Spielleitung einem Kind zu, das mit den Händen in seinem Laubhaufen herumraschelt. Der Laublauscher geht auf das raschelnde Kind zu. Kommt ihm der Laublauscher zu nahe, ruft es: »Stopp!«. Daraufhin öffnet der Laublauscher seine Augen und versucht, das Kind zu fangen, das schnell davonläuft. Währenddessen schließen alle übrigen Kinder den Kreis, indem sie sich die Hände geben. Gelingt es dem flüchtenden Kind, unter den Armen der Kinder hindurchzuschlüpfen und in die Kreismitte zu gelangen, ist es dem Laublauscher entkommen. Ansonsten darf der alte Laublauscher das Spiel wiederholen.

Zapfenschnappen

- **Spieler/innen:** ab 2 Kinder
- **Material:** für jedes Kind 1 Tannenzapfen, 1 Bleistift, Malpapier

Ähnlich dem uralten Brezel- oder Würstchenschnappen werden zwei Tannenzapfen an einer langen Schnur aufgehängt, die auf Augenhöhe der Kinder gespannt ist. Danach stellen sich zwei Kinder vor einen Zapfen. Auf ein Startzeichen der Spielleitung hüpfen sie in die Luft und versuchen, ihren Tannenzapfen mit der Nasenspitze zu berühren, ohne dabei die Hände zu benutzen! Erfüllt ein Kind die Aufgabe, darf es seinen Zapfen als Vorlage zum Zeichnen mitnehmen. Danach darf ein anderes Kind seinen Platz einnehmen und sich auf die gleiche Art einen Tannenzapfen holen. Das Spiel ist beendet, wenn sich alle Kinder einen Zapfen geschnappt und diesen gezeichnet haben.

Sturm im Wald

- **Spieler/innen:** ab 6 Kinder
- **Material:** 1 Becher, etwas Sand, ein paar Pflanzenblätter

Bis auf ein Kind bilden alle einen Kreis. Währenddessen geht das einzelne Kind mit einigen Blättern in die Kreismitte und legt sie auf den Boden. Die Spielleitung stellt dem Kind einen mit Sand gefüllten Becher direkt vor die Füße. Das Kind kniet sich auf den Boden. Alle übrigen Kinder schließen ihre Augen und sind ganz leise. Jetzt macht das Kind den Wind nach, indem es die Hände gegeneinander reibt. Auf einmal kommt ein richtiger Sturm auf. Das Kind dreht den Becher um, sodass der Sand auf die Pflanzenblätter fällt. Das ist das Startsignal für die übrigen Kinder, sich möglichst schnell umzudrehen. Denn jetzt rennt der Sturm los und versucht, ein Kind zu berühren, das noch nicht mit dem Rücken zur Kreismitte steht. Gelingt das Vorhaben, wechseln die beiden Kinder ihre Plätze.

Der schlaue Fuchs

- **Spieler/innen:** ab 7 Kinder
- **Material:** Pflanzenblätter, Eicheln, Löwenzahnblätter

Ein Kind spielt den schlauen Fuchs. Es sitzt in der Kreismitte und beobachtet ganz genau, wie alle übrigen Kinder mit ihren gesammelten Blättern ein Nest auf der Kreislinie bauen und sich hineinstellen. Einige spielen die Hasen und erhalten jeweils ein Löwenzahnblatt. Alle anderen Kinder spielen Eichhörnchen und bekommen eine Eichel. Danach schließt der Fuchs seine Augen. Nun zeigt die Spielleitung auf vier Waldtiere, die sofort ihre Nester verlassen, vergnügt im Kreis herumspringen und solange ihre Nahrung miteinander tauschen, bis die Spielleitung in die Hände klatscht. Schnell sucht sich jedes Waldtier ein beliebiges Nest und setzt sich hinein. Der Fuchs öffnet seine Augen und soll die Ordnung wiederherstellen. Er muss alle Hasen und Eichhörnchen in ihre eigenen Nester zurückbringen und ihnen die richtige Nahrung zurückgeben. Gelingt ihm dies, darf er einen neuen Fuchs auswählen. Ansonsten wird das Spiel mit dem alten Fuchs wiederholt.

Wo steckt der Hase?

- **Spieler/innen:** ab 6 Kinder
- **Material:** 1 Löwenzahn

Alle Kinder bilden einen Kreis. Ein Kind erhält von der Spielleitung den Löwenzahn und geht damit in die Kreismitte. Es schließt die Augen, bis die Spielleitung einem Kind zublinzelt und es damit zum Hasen ernennt. Sobald die Spielleitung »Wo steckt der Hase?« ruft, darf das Kind in der Kreismitte seine Augen öffnen und sich auf die Suche machen. Glaubt es, den Hasen gefunden zu haben, hält es ihm seinen Löwenzahn unter die Nase und sagt folgenden Spruch:

Rieche an der Blüte mit der Nase!
Niest du, bist du kein Hase!

Niest der vermeintliche Hase einmal laut, muss das Kind seine Suche fortsetzen. Das geht so lange, bis der Hase gefunden ist und dieser laut »Ich will die Löwenzahnblätter fressen!« ruft. Daraufhin läuft das Kind davon, gefolgt vom Hasen und den übrigen Kindern. Um zu verhindern, dass der Hase den Löwenzahn schnappt, wird der Löwenzahn von einer Hand zur anderen gereicht. Fängt der Hase innerhalb von drei Minuten den Löwenzahn oder das Kind, das gerade den Löwenzahn in den Händen hält, darf er die neue Spielrunde eröffnen und mit dem Löwenzahn in die Kreismitte gehen.

Spielvariation: Die Kinder sitzen auf der Wiese, schließen die Augen und warten, bis die Spielleitung ein Kind antippt. Das ist der Hase. Sobald die Spielleitung »Wo steckt der Hase?« ruft, öffnen alle Kinder ihre Augen, streicheln mit ihren Händen über das Gras und antworten laut mit dem Spruch:

Gras, Gras, Gras,
wo steckt bloß der Has'?

Danach ruft die Spielleitung ein Kind auf, welches den Hasen erraten soll. Schüttelt der vermeintliche Hase den Kopf, darf es die Frage mit der Gruppe wiederholen und ein weiteres Mal raten. Sollte jetzt der echte Hase benannt werden, springt dieser auf und läuft davon. Alle Kinder rennen ihm hinterher, um ihn zu fangen. Dasjenige Kind, das den Hasen zuerst schnappt, übernimmt die Rolle der Spielleitung.

Raten und hüpfen

- **Spieler/innen:** ab 3 Kinder
- **Material:** 4 Äste, 8 verschiedene Naturgegenstände, 1 großes Tuch

Alle Kinder stellen sich mit dem Rücken auf die kurze Seite eines rechteckigen Spielfeldes, dessen Ecken mit Ästen markiert werden. Eines der Kinder geht auf die gegenüberliegende Seite und kniet sich auf den Boden. Die Spielleitung legt acht unterschiedliche Naturgegenstände vor ihm aus und deckt sie mit einem großen Tuch ab. Das Kind schaut unter das Tuch, greift nach einem Gegenstand und sagt: »Wer zuerst die Antwort weiß, darf fünf Hüpfer machen!«. Es beschreibt die Eigenschaften des ertasteten Naturgegenstandes. Die anderen Kinder versuchen, den Naturgegenstand zu erraten. Wer zuerst die richtige Antwort sagen kann, darf fünf Hüpfer in Richtung des Kindes machen. Dadurch, dass die Anzahl der Hüpfer bei jeder Frage beliebig verändert werden kann, bleibt das Spiel bis zum Schluss äußerst spannend. Dasjenige Kind, das zuerst neben dem Kind steht, darf das Spiel erneut beginnen.

Spielvariation: Ein Kind erhält zwei kurze dicke Stöcke. Alle anderen Kinder bekommen einen Schreibblock und einen schwarzen Filzstift. Während das Kind gegen die Stöcke schlägt, zählen die anderen Kinder leise mit, schreiben ihr Ergebnis auf den Block und zeigen es gut sichtbar in die Höhe. Diejenigen Kinder, welche die richtige Zahl notiert haben, dürfen genau so viele Hüpfer nach vorne machen. Alle anderen Kinder bleiben stehen. Auf diese Weise wird das Spiel weitergeführt, bis ein Kind oder mehrere Kinder direkt neben dem Kind stehen. Das Kind wählt eines der betreffenden Kinder aus und übergibt die beiden Stöcke.

Hilfe, ein Naturgegenstand ist weg!

- **Spieler/innen:** ab 2 Kinder
- **Material:** 1 Kastanienblatt, 1 Stock, 1 Kieselstein, etwas Moos, 1 Stück Baumrinde

Die Kinder legen die gesammelten Materialien kreisförmig auf dem Boden aus. Dann setzen sie sich im Außenkreis nieder, schauen sich den Innenkreis ganz genau an und schließen ihre Augen. Die Spielleitung spielt den Dieb, entwendet einen Gegenstand und ruft laut: »Hilfe, ein Naturgegenstand ist weg!«. Die Kinder öffnen ihre Augen, betrachten den Innenkreis ganz genau und überlegen, welcher Gegenstand fehlt. Dann teilen sie der Gruppe ihre Vermutung mit. Die Spielleitung bestätigt diese, indem sie den besagten Naturgegenstand in die Luft hält. Sofort laufen alle Kinder los, um einen ähnlichen Gegenstand zu suchen. Wer den gesuchten Naturgegenstand als Erster auf seinen Ausgangsplatz legt, darf den neuen Dieb spielen.

Was ist das? Schnell weg!

- **Spieler/innen:** ab 2 Kinder
- **Material:** unterschiedliche Naturgegenstände, 1 Augenbinde

In einem begrenzten Spielfeld verbindet die Spielleitung einem Kind die Augen und führt es beispielsweise zum Sandkasten, wo es den Sand mit den Händen abtastet. Alle anderen Kinder gehen hinterher und beobachten gespannt, ob das Kind den weichen Sand erkennt oder nicht. Erkennt das Kind den Sand nicht, beginnt ein neues Spiel mit einem anderen Kind. Sollte das Kind jedoch den Sand erfühlen, rufen alle anderen »Du hast es erraten!« und laufen weg. Das Kind zieht blitzschnell seine Augenbinde ab und rennt ihnen hinterher. Gelingt es dem Kind, innerhalb von ein bis zwei Minuten ein Kind zu fangen, tauscht es mit dem Kind seine Rolle. Ansonsten darf das Kind erneut sein Glück versuchen und das Spiel wiederholen.

Gesucht wird das Eichenblatt!

- **Spieler/innen:** ab 5 Kinder
- **Material für 5 Kinder:** 1 Grashalm, 1 Eichel, 1 Fichtenzapfen, 1 Eichenblatt, 1 Kastanie

In einem überschaubaren Spielfeld erhalten alle Kinder einen anderen Naturgegenstand und bilden einen Kreis. Im Uhrzeigersinn drehen sie gemütlich ein paar Runden und betrachten dabei die Naturgegenstände der anderen Kinder. Das geht so lange, bis die Spielleitung »Stopp!« ruft. In diesem Moment bleiben alle Kinder stehen und warten auf die Ansage der Spielleitung. Heißt es zum Beispiel »Gesucht wird das Eichenblatt!«, muss das Kind mit dem Eichenblatt blitzschnell außerhalb des Spielfeldes gelangen. Die anderen Kinder wiederum versuchen dies zu verhindern, indem sie ihm möglichst schnell hinterherlaufen. Wer das Kind fängt, darf in der nächsten Runde die Spielleitung übernehmen.

3

Auf dem Baumstamm balancieren

Spiele zur Förderung der Geschicklichkeit und der Konzentration

Über die Wurzeln des Waldbodens springen, auf einen Baumstumpf klettern, in die Hocke gehen, krabbeln und ein paar Nüsse auf dem Rücken transportieren oder einfach über einzelne auf dem Boden liegende Blätter hüpfen, schult die Motorik, trainiert den Gleichgewichtssinn und befriedigt den natürlichen Bewegungsdrang der Kinder.
Damit alle Kinder gerne mitmachen, bieten sich Geschicklichkeitsspiele und Hindernisläufe an. Wichtig ist dabei, dass alle Kinder die Aufgaben und Herausforderungen erfolgreich bewältigen können. Nichts ist schlimmer, als durch überflüssige Pfunde beim Klettern oder eine zu geringe Körpergröße beim Berühren hoher Äste einen vorhersehbaren Misserfolg erleiden zu müssen.
Natürlich gibt es unter den Geschicklichkeitsspielen auch solche, bei denen der Wettkampfgedanke im Vordergrund steht. Besonders Kinder, die kurz vor dem Schuleintritt stehen oder bereits die Grundschule besuchen, haben großen Spaß beim spielerischen Kräftemessen und wollen ihr Können immer wieder unter Beweis stellen. Gleichwohl kann Verlieren mit Tränen verbunden sein. Damit es nicht so weit kommt, sollten alle Kinder wissen, dass sie ihre Fähigkeiten schon in der nächsten Spielrunde erneut zeigen können und auch sie bestimmt bald (wieder) auf dem Siegertreppchen stehen werden. Trotzdem will auch Verlieren gelernt sein und es ist ratsam, zunächst solche Spiele auszuwählen, bei denen die Kinder in Gruppen gegeneinander antreten und das Ziel gemeinsam erreichen müssen. Doch unabhängig davon, sollten Geschicklichkeitsspiele vor allem viel Vergnügen bereiten.

Wettlauf der Schnecken

- **Spieler/innen:** ab 4 Kinder
- **Material:** für jede Gruppe 4 große Steine, 1 kleine Baumscheibe

Die Kinder bilden zwei gleich große Gruppen und stellen sich nebeneinander auf. Auf diese Weise können alle das Spielgeschehen gut verfolgen. Vor dem ersten Kind aus jeder Gruppe legt die Spielleitung vier große Steine so in einer Reihe auf dem Boden aus, dass ein Lauf im Slalom bequem möglich ist. Nun kann der Wettlauf der Schnecken beginnen. Doch zuerst müssen die Kinder in Schnecken verwandelt werden. Das erste Kind jeder Gruppe kniet sich auf den Boden und bekommt eine kleine Baumscheibe auf den Rücken gelegt. Mit diesem Schneckenhäuschen ausgestattet, warten die beiden Kinder auf das Startzeichen der Spielleitung und krabbeln so schnell wie möglich im Slalom um die Wette. Verliert eine Schnecke ihr Häuschen, muss sie zurück zum Ausgangsplatz und erneut starten. Am letzten Stein angekommen, stehen die Schnecken auf und laufen direkt an den Steinen vorbei zu ihrer Gruppe und verwandeln das nächste Kind in eine Schnecke, die nun das Spiel fortsetzt. Gewonnen hat die Gruppe, die am schnellsten wieder auf ihrem Ausgangsplatz steht.

Varianten für weitere Spielrunden:

- Die Kinder spielen Eichhörnchen, die zwischen Kinn und Brust Walnüsse für den Wintervorrat transportieren. Die Nuss darf nicht auf den Boden fallen.
- Wie Ameisen transportieren die Kinder schnellstmöglich ein großes Laubblatt auf ihrer Schulter in ihr Nest. Das Blatt darf beim Laufen nicht festgehalten werden.
- Mit ausgestreckten Armen machen die Kinder gleichmäßige Flugbewegungen und spielen Störche, die in den Süden fliegen. Auf ihrem Handrücken liegt eine Feder, die nicht herunterfallen darf.

Vogelnester füllen

- **Material:** für jede Gruppe 1 leeres Vogelnest, 3 Tischtennisbälle, 1 Baumstamm

- **Spielvorbereitung:** Die Spielleitung legt auf jeden Baumstamm ein leeres Vogelnest und versteckt die Tischtennisbälle auf dem Spielfeld.

Die Kinder bilden drei gleich große Gruppen und verwandeln sich in Vogelschwärme. Auf das Startzeichen der Spielleitung machen sich die Vögel auf den Weg zu ihren Nestern und fliegen suchend umher. Hat ein Kind ein Nest gefunden, klettert es auf ein Ende des Baumstamms und balanciert zum Vogelnest. Sofort kommen alle anderen Kinder seiner Gruppe dazu und balancieren nacheinander einmal über den Baumstamm. Erst danach dürfen sie sich auf die Suche nach den Eiern machen. Derjenige Vogelschwarm, der als Erster sein Vogelnest mit drei Eiern gefüllt hat, ist Sieger!

Schnapp dir eine Angel!

- **Material:** für jedes Kind 1 große Baumscheibe, 1 langer Stock, 1 dicke Schnur, einige Haselnüsse

- **Spielvorbereitung:** Alle Kinder suchen sich einen langen Stock. An eines der Stockenden binden sie eine lange, dicke Schnur. Das ist ihre Angel. Diese stecken sie neben ihrer Baumscheibe, die eine Insel darstellt, in den Boden. Um jede einzelne Baumscheibe legt die Spielleitung einige Haselnüsse, die wie kleine Fische eine Insel umkreisen.

Alle Kinder bewegen sich, als würden sie schwimmen. Sobald die Spielleitung »Insel in Sicht!« ruft, schwimmen sie so schnell wie möglich zu einer freien Insel. Sie nehmen die Angel, steigen auf die Insel und versuchen, mit der Angelschnur einen Fisch zu berühren. Gelingt das Vorhaben, springen sie von der Insel herunter und verspeisen den Fisch.

Spielvariation: Geübtere Kinder können ein kleines Wettangeln veranstalten. Dasjenige Kind, das zuerst eine Haselnuss mit der Angelschnur berührt, darf diese zur Belohnung verspeisen. Alle anderen Kinder starten eine neue Wettangelrunde.

Wer hält den Sturm auf?

- **Spieler/innen:** ab 3 Kinder
- **Material:** 1 Eichenblatt, 1 rechteckiger Tisch

Am Kopfende eines rechteckigen Tisches steht ein Kind, das den Sturm spielt. Es legt sein Eichenblatt direkt vor sich auf den Tisch. Alle anderen Kinder verteilen sich um die restlichen Seiten des Tisches und schauen gespannt zum Sturm. Plötzlich atmet der Sturm tief ein und pustet sein Eichenblatt über den Tisch hinweg, indem er möglichst doppelt so lange ausatmet. Damit der Sturm nicht zu viel Schaden im Land anrichtet, müssen die anderen Kinder blitzschnell reagieren und mit der flachen Hand auf das Pflanzenblatt schlagen. Dasjenige Kind, das den Sturm zuerst bremst, darf das Spiel wiederholen.

Wo stehen die prächtigsten Laubbäume?

- **Spieler/innen:** ab 4 Kinder
- **Material:** für jedes Paar
  8 Pflanzenblätter

Für dieses Spiel bilden die Kinder Paare – bei einer ungeraden Kinderzahl macht die Spielleitung einfach mit. Zunächst sammelt jedes Paar acht Laubblätter. Dann stellen sich die Partner so auf, dass sie sich gegenseitig direkt in die Augen blicken können. Eines der

beiden Kinder spielt einen kahlen Laubbaum, denn es ist Winter. Wie ein Baum streckt es seine Arme seitlich aus. Die Spielleitung erzählt, dass es allmählich Frühling wird und die ersten grünen Blätter an den Zweigen zu sehen sind. Die Partnerkinder legen ihrem Baum ein erstes Blatt auf eine Schulter oder den Kopf. Sollte das Blatt hierbei auf den Boden fallen, setzt das betreffende Paar eine Runde aus. Währenddessen dürfen die anderen Paare das Spiel mit einem weiteren Blatt weiterführen. Nach insgesamt acht Durchgängen werden die Bäume mit den meisten Blättern ermittelt.

Alle Wege führen nach Rom

- **Spieler/innen:** ab 1 Kind
- **Material:** möglichst viele große Laubblätter

Ein bekanntes Sprichwort lautet: »Alle Wege führen nach Rom«. Dennoch gibt es verschieden lange Wege. Wer wird wohl sein Ziel am schnellsten erreichen? Eine spannende Frage, die die Kinder gleich selbst lösen können.

In einem abgesteckten Spielfeld legen die Kinder mit Ahorn- oder Kastanienblättern ganz nach Belieben ein Wegenetz aus. Wichtig ist dabei nur, dass die einzelnen Wege bis zum Spielfeldrand führen. Danach darf sich jedes Kind in der Mitte des Spielfelds ein Blatt aussuchen und sich darauf stellen. Beim Startzeichen der Spielleitung gehen alle Kinder ohne den Boden zu berühren über die Blätter. Dabei versuchen sie möglichst schnell außerhalb des Spielfelds zu gelangen. Wer wird das Ziel wohl am schnellsten erreichen?

Welches Schiff hat die größte Fracht?

- **Spieler/innen:** ab 2 Kinder
- **Material:** für jede Gruppe 1 große Baumscheibe, möglichst viele kleine Naturgegenstände

Die Kinder teilen sich in zwei bis drei gleich große Gruppen auf und erhalten zehn Minuten Zeit, um möglichst viele kleine Naturgegenstände im Wald zu sammeln. Ist die Zeit abgelaufen, versammelt sich jede Gruppe im Kreis um ihre Baumscheibe, die ein Schiff darstellt. Auf ein Startzeichen der Spielleitung dürfen die einzelnen Gruppen ihr Schiff beladen, indem sie ihre gesammelten Naturgegenstände auf die Baumscheibe legen oder stapeln. Nach zehn weiteren Minuten ruft die Spielleitung: »Das Schiff ist beladen!«. Welche Gruppe hat die größte Fracht an Bord? Das können die Kinder leicht herausfinden, indem sie ihre Schiffe wieder entladen und dabei die einzelnen Naturgegenstände zählen.

Spielvariation: Die Kinder bauen Wolkenkratzer. Gesucht wird diejenige Gruppe, die nach zehn Minuten den höchsten Turm gebaut hat, also die meisten Naturgegenstände aufstapeln konnte.

Welche Haselmaus hat die meisten Nüsse?

- **Spieler/innen:** ab 2 Kinder
- **Material:** verwelkte Laubblätter, 12 Haselnüsse, 1 Würfel, 1 Tisch, für jedes Kind 1 langer Eislöffel

Für dieses Spiel eignen sich verwelkte Blätter besonders gut. Diese sammeln die Kinder im Herbstwald und bauen daraus auf der Tischmitte ein Nest. Darin verstecken sie zwölf Haselnüsse. Nun erhält jedes Kind einen langen Eislöffel, setzt sich an den Tisch und spielt die Haselmaus. Ein Kind beginnt das Spiel, indem es würfelt und ent-

sprechend der Augenzahl alle Kinder nacheinander abzählt. Das abgezählte Kind spielt die Haselmaus und darf sich mit seinem Eislöffel eine Haselnuss aus dem Nest holen. Kein leichtes Vorhaben, denn sollte die Nuss vom Löffel fallen, muss sie wieder ins Nest gelegt werden. Nun nimmt das nächste Kind den Würfel und ermittelt, wer diesmal die Haselmaus spielen und eine Nuss aus dem Nest holen darf. Sieger ist dasjenige Kind, welches die meisten Haselnüsse mit seinem Eislöffel aus dem Nest gefischt hat.

Bilder mit Tannennadeln legen

- **Spieler/innen:** ab 1 Kind
- **Material:** möglichst viele Tannennadeln,
  1 DIN A3-Bogen weißer Tonkarton,
  1 Sitzkissen

Die Kinder sammeln im Wald möglichst viele Tannen- oder Fichtennadeln. Zurück in der Einrichtung bilden sie einen Kreis um ein Kind, das in der Mitte auf einem Kissen sitzt.
Vor ihm liegt ein DIN A3-Bogen weißer Tonkarton. Die Spielleitung teilt den Kindern mit, dass das Kind mit seinen Tannennadeln ein Bild legen darf. Das kann der Umriss von einem Haus, eine geometrische Form, eine Zahl oder ein Buchstabe sein. Wer zuerst das Motiv errät, darf das nächste Bild legen.

Spielvariation: Alle Kinder zeichnen den Umriss ihres Lieblingsmotivs auf einen Bogen weißen Tonkarton und legen es mit den Tannennadeln nach. Geübtere Kinder können ohne Vorlage arbeiten.

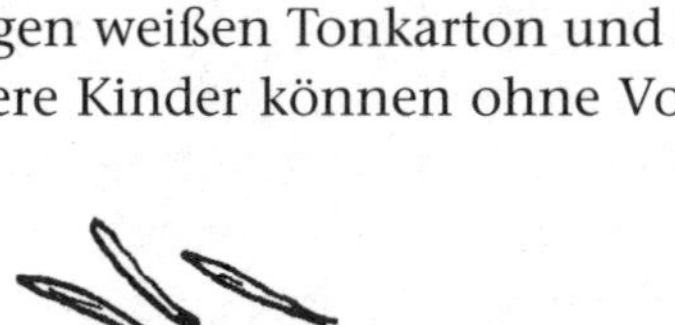

Welche Gruppe hält die Waage?

- **Spieler/innen:** ab 2 Kinder
- **Material:** 1 Trillerpfeife, für jede Gruppe 1 Baumstamm, 1 langes Holzbrett, kleine Naturgegenstände

- **Spielvorbereitung:** Zwei bis drei gleich große Gruppen rollen einen Baumstamm auf das Spielfeld. Darauf platzieren sie ein langes Holzbrett, dessen Enden ähnlich wie bei einer Waage nicht den Boden berühren dürfen.

Mit der Trillerpfeife gibt die Spielleitung das Startsignal. Alle Kinder laufen los, um jeweils einen Naturgegenstand zu suchen, den sie auf eines der Enden ihres Holzbretts legen. Sobald ein Naturgegenstand auf dem Brett liegt, macht sich das betreffende Kind erneut auf die Suche. Sollte aber das Brett auf den Boden fallen, beginnt das Spiel für die betreffende Gruppe erneut. Nach zirka zehn Minuten pfeift die Spielleitung das Spiel ab. Jede Gruppe zählt die Naturgegenstände auf ihrer Waage, um so die Siegergruppe zu ermitteln!

Blattsauger – Würfelspiel

- **Spieler/innen:** ab 2 Kinder
- **Material:** kleine Blätter, weiße Straßenkreide, 1 Würfel, Strohhalme

Unter Hecken und Laubbäumen sammeln die Kinder kleine Blätter. Sie zeichnen einen Kreidekreis auf einen Tisch und bedecken nahezu die ganze Kreisfläche mit den Blättern. Dann setzen sie sich mit einem Strohhalm um den Kreidekreis. Eines der Kinder erhält den Würfel und beginnt das Spiel mit dem ersten Wurf. Sollte es eine gerade Zahl würfeln, darf es ein beliebiges Blatt mithilfe des Strohhalms ansaugen und so aus dem Kreis heraustransportieren. Sollte das Blatt jedoch wieder in den Kreis fallen, ist das nächste Kind an der Reihe. Das trifft auch zu, wenn das Kind eine ungerade Zahl würfelt. Erst wenn kein einziges Blatt mehr im Kreis liegt, wird das Kind mit den meisten Blättern ermittelt. Es darf sich bester »Blattsauger« nennen.

Viele kleine Packesel

- **Spieler/innen:** ab 2 Kinder
- **Material:** etwas Heu

Heu können die Kinder von einem Bauernhof in ihrer Nähe besorgen, das kurz nach dem Mähen besonders gut duftet.

Die Kinder markieren die Ecken eines rechteckigen Spielfeldes mithilfe ihrer Jacken und stellen sich der Reihe nach auf den Rand einer kurzen Seite, sodass ihr Blick auf das Spielfeld gerichtet ist. Sie knien sich auf den Boden und warten, bis ihnen die Spielleitung ein wenig Heu auf den Rücken legt. Nun spielen die Kinder kleine Packesel und bleiben so lange ruhig stehen, bis die Spielleitung auf der gegenüberliegenden Seite das Kommando zum Loslaufen gibt. Die Kinder krabbeln auf allen vieren in Richtung der Spielleitung und achten darauf, dass möglichst kein Heu auf den Boden fällt. Diejenigen Packesel, welche sich neben der Spielleitung befinden und das Heu besonders gut transportieren konnten, haben die Aufgabe mit Bravour bestanden.

Metalldetektor – Entdeckungsspiel

- **Material:** für jedes Kind 1 Stock, 1 Schokoladentaler, jede Menge Laub

Alle Kinder suchen sich einen Stock. Das ist ihr Metalldetektor. In der Zwischenzeit versteckt die Spielleitung für jedes Kind einen Schokoladentaler im Laub, der eine echte Metallmünze darstellt. Sobald alle Kinder sich mit einem Metalldetektor ausgestattet haben, dürfen sie den Boden mit der Stockspitze nach Metall absuchen. Damit das gelingt, versuchen die Kinder das Laub mit ihrem Stock zur Seite zu schieben oder umzudrehen. Wer einen Schokoladentaler findet, gibt ein akustisches Signal ab, indem es wie ein echter Metalldetektor laut »Piep, piep, piep!« ruft. Zur Belohnung darf das Kind seinen Schokoladentaler verzehren.

Spielvariation: Zwei bis drei Kinder treten gegeneinander an. Mithilfe ihrer Metalldetektoren versuchen sie, so schnell wie möglich einen Schokoladentaler im Laub aufzuspüren.

Tore schnipsen

- **Spieler/innen:** ab 2 Kinder
- **Material:** 2 Astgabeln, 1 Stock, Kieselsteine, 1 Eichel

Im Wald suchen sich die Kinder zwei Astgabeln, einen zirka 20 Zentimeter langen Stock und eine Eichel. Die Enden der beiden Astgabeln werden so in den Boden gesteckt, dass der Stock auf beide Astgabeln gelegt werden kann. Das ist das Tor. Direkt gegenüber, im Abstand von etwa 50 Zentimeter, stellen sich die Kinder nebeneinander auf. Per Schnipsen mit dem Zeigefinger versuchen die Kinder, nacheinander die Eichel ins Tor zu befördern. Für jedes Tor gibt es einen Kieselstein. Nach vier bis fünf Durchgängen werden die Kieselsteine der Kinder gezählt. Wer ist wohl der beste Torschütze?

Geschicklichkeitsfangen

- **Spieler/innen:** ab 2 Kinder
- **Material:** für jedes Kind 1 Ahorn- oder Kastanienblatt

Alle Kinder spielen paarweise zusammen. Jedes Kind erhält ein Ahornblatt. Sobald die Spielleitung das Kommando »Auf die Plätze, fangen und los!« ruft, ist jedes Kind der Paare Fänger und Gejagter zugleich. Denn die beiden Kinder versuchen, sich gegenseitig mit ihren Ahornblättern zu berühren. Wer von den beiden Kindern schafft es wohl, bis zuletzt dem Blatt auszuweichen? Da nur ein Kind gewinnen kann, sollte es eine Revanche geben.

Spielvariation: Geübtere Kinder dürfen nur einen bestimmten Körperteil berühren, zum Beispiel den linken Arm. Alle anderen Körperteile sind tabu und verhelfen nicht zum Sieg!

Lustige Verse für alle Sinne

Mitmachideen zur Sprachförderung und für die Lachmuskeln

Unsinn erzählen, Scherze machen, miteinander blödeln und dabei herzhaft lachen, all das ist mit viel Spaß verbunden. Gleichzeitig entsteht durch das heitere Beisammensein eine lockere Atmosphäre, die Spannungen und Blockaden löst, sodass sich alle Kinder in der Gruppe wohl fühlen. Dies wiederum wirkt sich positiv auf das Sprachverhalten und nicht zuletzt auf das Selbstwertgefühl der Kinder aus.

Lustige Verse für alle Sinne, die sich reimen, machen das Mitsprechen und Mitmachen besonders leicht. Sie sind motivierend und dienen der Verständigung, der Wortschatzerweiterung und der Sinnesförderung. Besonders reizvoll sind diese Verse in Verbindung mit Rollenspielen. So haben Kinder großen Spaß daran, Hasen zu spielen und so lange miteinander zu tanzen, bis sie schließlich auf ihrer Schnuppernase im weichen Gras landen. Genauso viel Freude macht es Kindern, wie der Wind die Blätter vom Baum zu wehen und am Ende eine große Blätterschlacht zu veranstalten.

Damit alle Kinder einbezogen werden können, müssen sie die Anweisungen verstehen. Für einige Kinder ist es hilfreich, wenn die Spielleitung den Vers vorträgt und dabei aktiv mitmacht. Auf diese Weise können auch Kinder mit unzureichenden Sprachkenntnissen den Anweisungen folgen und mit viel Begeisterung dabei sein.

Das hungrige Wildschwein

- **Spieler/innen:** ab 1 Kind
- **Material:** für jedes Kind 1 großes Buchenblatt, 2 Eicheln, 2 Vogelbeeren, 4 kleine Kieselsteine, 1 Buchecker

Alle Kinder sitzen dicht nebeneinander im Kreis. Die benötigten Naturmaterialien liegen griffbereit in der Mitte.

Ein Buchenblatt, das ist für den Körper fein.
Der lange Blattstiel soll das Schwänzchen sein.
Alle Kinder legen ein Buchenblatt der Länge nach vor sich.

Zwei Eicheln sind für die Ohren nicht schlecht.
Sie bringen beide Eicheln oberhalb vom Blattrand an.
Die Vogelbeeren sind die Augen, die sehen aus wie echt.
Sie legen die beiden Vogelbeeren auf das Blatt in die Nähe der Ohren.

Vier kleine Steinchen sind schließlich die Beine.
Die Kinder verteilen die vier Steinchen unterhalb vom Blattrand.
Und die Buchecker? *(Kurze Pause)*
Es grunzt:
Alle Kinder grunzen wie Schweine.
»Das sind meine!«
Ganz schnell schnappen sich alle Kinder möglichst viele Bucheckern.

Die freche Kastanie

- **Spieler/innen:** ab 6 Kinder
- **Material:** für jedes Kind 1 Kastanie

Alle Kinder halten eine Kastanie in einer Hand und stellen sich so in Kreisrichtung auf, dass sie die beiden Schultern ihres Vordermanns gut berühren können. Die Spielleitung liest oder trägt folgende Verse laut vor und macht dabei mit ihrer freien Hand die passenden Bewegungen:

Eine Kastanie rollt auf dem Rücken hin und her.
Das ist schön und gefällt der Kastanie sehr!
Die Kinder rollen ihre Kastanie auf dem Rücken ihres Vordermanns hin und her.

Nun rollt sie den Rücken herauf und hinunter.
Das macht sie fröhlich und ganz munter.
Sie bewegen die Kastanie auf seinem Rücken hinauf und hinunter.

Jetzt macht die Kastanie sogar schöne Kreise.
Das tut sie auf eine besonders schöne Weise.
Sie bewegen ihre Kastanie kreisförmig auf seinem Rücken.

Und dann ... *(Kurze Pause)* Gib nun besonders gut Acht!
Sie rollt unter deinen Arm ... *(Kurze Pause)*
Pass auf, was sie jetzt macht!
Alle Kinder lassen die Kastanie unter einen Arm ihres Vordermanns rollen und kitzeln sich gegenseitig.

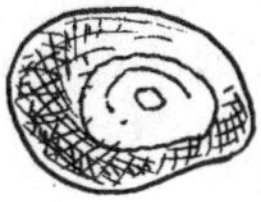

Blätterschlacht

- **Spieler/innen:** ab 2 Kinder
- **Material:** Herbstblätter, für jedes Kind 1 Kinderrechen

Für das folgende Spiel sammeln die Kinder viele Herbstblätter und rechen sie zusammen, bis sie einen großen Haufen erhalten. Um diesen Laubhaufen bilden sie einen Kreis. Jedes Kind nimmt sich zwei Blätter und bewegt sich passend zu folgenden Reimen:

Das erste Herbstblatt löst sich langsam vom Baum.
Es schwebt sanft auf die Erde, das glaubt ihr kaum.
Die Kinder spielen Bäume, halten in jeder Hand ein Blatt, strecken ihre Arme über den Kopf in die Höhe und lassen eines der Blätter auf die Erde fallen.

Das zweite Herbstblatt löst sich langsam vom Baum.
Es schwebt sanft auf die Erde, das glaubt ihr kaum.
Sie lassen das zweite Blatt auf die Erde fallen.

Jetzt regnet es und die Herbstblätter werden nass.
Und dann geschieht auch noch das ...
Die Kinder stellen Regentropfen dar, indem sie sich auf den Boden knien und mit ihren Fingerspitzen auf das Laub klopfen.

Es bläst ein Wind und die Blätter rascheln sehr.
Der Wind wird stärker und es raschelt immer mehr.
Alle Kinder pusten die Blätter an und rascheln mit ihren Händen im Laub. Sie wiederholen das Ganze immer heftiger.

Es stürmt und die Blätter fliegen ganz weit fort.
Hui, hui, hui, sie fliegen von Ort zu Ort.
Die Kinder versuchen das Atemvolumen zu steigern, indem sie noch tiefer einatmen und ganz lange ausatmen. Anschließend veranstalten sie eine große Blätterschlacht.

Verrücktes Naturspiel

- **Spieler/innen:** ab 6 Kinder
- **Material:** Gras

Alle Kinder holen sich einige Grashalme. Sie nehmen es in beide Hände und bilden mit geschlossenen Augen einen Kreis. Nun tippt die Spielleitung einem Kind auf die Schultern, das sich nicht zu erkennen geben darf. Danach öffnen alle Kinder ihre Augen. Die Spielleitung benennt den Namen eines anderen Kindes und sagt den Spruch:

> *Bettina,* was sollen wir mit dem Gras nur machen?
> Kennst du irgendwelche verrückten Sachen?

Das genannte Kind winkt mit seinem Gras den anderen Kindern zu, hält es sich wie einen Schnurrbart vor die Oberlippe oder macht eine andere Bewegung. Konnten alle die Bewegungsabläufe nachahmen, wiederholt *Bettina* den Spruch der Spielleitung und benennt dabei ein anderes Kind. Sollte es sich hierbei, um das gesuchte Kind handeln, kitzelt es seinen rechten und linken Nachbarn mit dem Gras am Nacken. Ein Riesenspaß, bei dem sich die Kinder bestimmt nicht lange bitten lassen.

Fußkitzelspiel

- **Spieler/innen:** ab 2 Kinder
- **Material:** für jedes Kind 1 Ahorn-, Buchen- oder Kastanienblatt

Jedes Kind holt sich ein großes Laubblatt, zieht seine Schuhe aus und sucht sich einen Partner. Die Paare setzen sich direkt gegenüber auf Kissen und legen ihre Blätter vor sich hin. Sie hören zu und machen mit.

> Ein kleiner Käfer sitzt auf einem Blatt.
> Er ist hungrig und frisst sich völlig satt.
> ***Die Kinder bewegen Zeige- und Mittelfinger einer Hand auf ihrem Blatt hin und her.***

Er krabbelt fröhlich im Kreis herum.
Sie zappeln mit ihrem Zeige- und Mittelfinger und machen dabei Kreisbewegungen.
Er bleibt stehen und schaut sich um.
Sie lassen beide Finger auf dem Blatt ruhen und schauen sich um.

Er krabbelt auf deinen Füßen umher.
Alle Kinder lassen Zeige- und Mittelfinger einer Hand auf die Füße des Partners wandern.
Sag, kitzelt der Käfer dich sehr?
Alle kitzeln die Füße ihres Partners.

Hasentanz

- **Spieler/innen:** ab 2 Kinder

Auf einer Wiese bilden die Kinder einen Kreis. Sie wählen ein Kind aus, das den Hasen spielt und sich in die Kreismitte setzt. Machen viele Kinder mit, können mehrere Hasen gleichzeitig ausgewählt werden.

Auf dem grünen, weichen Grase
sitzt ein kleiner frecher Hase.
Das Kind geht in die Hocke und stellt mit den Händen die großen Ohren dar.

Er wackelt mit dem Schwänzchen,
Es hält die Hände an den Po und bewegt diese auf und ab.
zupft Gras und bittet um ein Tänzchen.
Das Kind zupft ein wenig Gras und übergibt es einem Kind, mit dem es tanzen möchte. Die Kinder geben sich beide Hände und tanzen im Kreis herum.

Doch plötzlich stolpern die beiden Hasen
und landen im weichen Gras auf ihren Nasen!
Beide Kinder lassen sich ins weiche Gras fallen und tun so, als würden sie auf der Nase landen.

Regenwolke, wohin wirst du gehen?

- **Spieler/innen:** ab 4 Kinder
- **Material für 4 Kinder:** 1 Wasserspritze, 3 große Stücke Baumrinde

Ein Kind bekommt eine Wasserspritze und spielt die Regenwolke. Alle anderen Kinder erhalten ein großes Stück Baumrinde, das sie vor ihren Oberkörper halten. Diese Kinder spielen Bäume und stellen sich im Kreis auf. Nun geht die Regenwolke im Kreis herum, während die anderen Kinder mit folgendem Vers laut fragen:

Regenwolke, wohin wirst du gehen?
Über welchem Baum bist du zu sehen?

Sobald das letzte Wort ausgesprochen ist, bleibt die Regenwolke stehen und wendet sich dem Baum zu, der direkt neben ihm steht. Um nicht nass zu werden, versucht sich das Kind, möglichst schnell mit seiner Baumrinde zu schützen. Wird es nass, werden die Rollen gewechselt.

Anmerkung: *Das Spiel eignet sich besonders gut für heiße Tage. Viel Spaß macht es auch, wenn die Kinder Regenjacken und Regenmützen anhaben und sich mit der Baumrinde vor dem Regenschauer schützen.*

Ein Käfer auf Entdeckungsreise

- **Spieler/innen:** ab 2 Kinder
- **Material:** für jedes Kind 1 Pflanzenblatt, 1 Stock

Jedes Kind sucht sich ein Pflanzenblatt und einen Stock. Dann setzen sich jeweils zwei Kinder so gegenüber auf den Boden, dass sie sich anschauen und berühren können. Ihre Blätter und Stöcke liegen vor ihnen. Sie befolgen die Anweisungen der Verse.

Ein Käfer krabbelt auf einem Blatt hin und her.
Denn Pflanzenblätter gefallen dem Käfer sehr.
Die Kinder bewegen Zeige- und Mittelfinger einer Hand auf ihrem Blatt hin und her.

Er krabbelt auf einem Stock hinauf und hinunter.
Das hält ihn fit und macht ihn munter.
Sie bewegen beide Finger auf ihrem Stock entlang.

Nun möchte er ein wenig fliegen und landet auf dem Kopf.
Er krabbelt und versteckt sich in deinem Haarschopf.
Sie heben und senken ihre Arme. Zeige- und Mittelfinger landen auf dem Kopf des gegenübersitzenden Kindes, berühren sich und wuscheln in den Haaren.

Wie heißt der Frosch?

- **Spieler/innen:** ab 2 Kinder
- **Material:** 1 Efeublatt, 1 Schneckenhaus, 1 Hagebutte, 1 Eichel, 1 Tannenzapfen, 1 Kastanie, 1 Zweig, 1 Steinchen, 1 Schüssel, Wasser

Die Kinder sammeln verschiedene Naturgegenstände und legen diese auf den Boden. Sie füllen eine Schüssel bis zum Rand mit Wasser und setzen sich um die Schüssel. Ein Kind wählt in Gedanken einen der

Naturgegenstände aus, flüstert ihn der Spielleitung ins Ohr und sagt dann laut den Spruch:

> Wetten, dass *Marvin* nicht weiß,
> wie der Frosch mit Nachnamen heißt!

Das genannte Kind protestiert und teilt seine Vermutung mit, indem es zum Beispiel »Eichel« sagt. Trifft die Antwort nicht zu, schüttelt das wettende Kind den Kopf und wiederholt das Spiel mit einem anderen Kind. Ist die Antwort aber richtig, ruft das wettende Kind laut:

> Richtig, ich kann jetzt gehen!
> Springe ins Wasser, auf Wiedersehen!

Sobald das Kind diesen Vers sagt, stehen alle Kinder blitzschnell auf und laufen los. Denn das Kind patscht mit beiden Händen ins Wasser, dass es nur so spritzt!

Anmerkung: *Ein lustiges Spiel, das sich wie das Spiel »Regenwolke, wohin wirst du gehen?« besonders gut für heiße Tage oder mit Regenkleidung eignet.*

Wer wird gekitzelt?

- **Spieler/innen:** ab 6 Kinder
- **Material:** 1 kleiner Stock

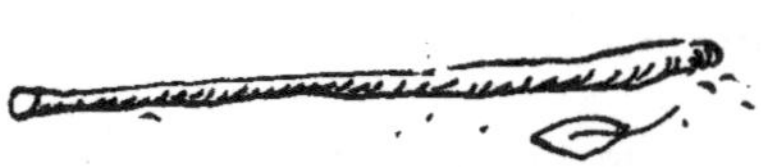

Die Spielleitung nimmt einen kleinen Stock und bringt an einem Ende eine gut sichtbare Markierung an. Dann gibt sie den Stock einem Kind, das diesen auf den Boden legt. Alle anderen Kinder setzen sich im Schneidersitz so um den Stock, dass ein Kreis entsteht. Wie bei dem bekannten Spiel »Flaschendrehen« dreht das Kind in der Kreismitte den Stock und sagt dabei laut folgenden Spruch:

> Stöckchen, Stöckchen, lass dich drehen.
> Wer gekitzelt wird, das wollen wir sehen.

Dasjenige Kind, auf das die markierte Stockspitze zeigt, läuft so schnell wie möglich zu einem vorher vereinbarten Baum oder Platz im Raum. Dort bringt es sich in Sicherheit, denn der Stöckchendreher will es fangen und einmal kräftig kitzeln. Danach tauschen die beiden ihre Plätze und ein neues Spiel beginnt. Fängt der Stöckchendreher das Kind nicht, dreht er ein weiteres Mal das Stöckchen.

Wir verkleiden uns

- **Spieler/innen:** ab 2 Kinder
- **Material:** doppelseitiges Klebeband, 1 Spiegel, Pflanzenblätter, Wiesenblumen, kleine Zweige

Die Kinder bilden Paare. Gemeinsam sammeln sie einige abgefallene Pflanzenblätter, Blüten und kleine Zweige. Dann setzen sich die Paare gegenüber auf den Boden und legen ihre gesammelten Naturgegenstände in die Mitte. Dazu erhalten sie doppelseitiges Klebeband. Nun beginnt die Spielleitung mit ihren Anweisungen und deutet dabei auf die einzelnen Naturgegenstände. Die Kinder hören aufmerksam zu und befolgen die Anweisungen.

Wir werden ein Verkleidungsspiel machen.
Dafür brauchen wir vor allem Natursachen.

Ein Pullover aus Blättern soll es sein.
Das ist schön und macht uns ganz fein.
Die Kinder kleben sich gegenseitig einige Blätter auf ihr Oberteil.

Zweige machen wir an den Schnürsenkeln fest.
An den Schuhen verteilen wir den Rest.
Die Kinder bringen die Zweige an den Schuhen an.

Blüten sollen Schmuck für die Haare sein.
Das ist toll und wirkt besonders fein.
Wiesenblumen stecken sich die Kinder gegenseitig ins Haar.

Jetzt dürft ihr zu einem Spiegel gehen.
Dort könnt ihr eure Naturkleidung ansehen!
Die Kinder betrachten sich im Spiegel – und brechen dabei vermutlich in großes Gelächter aus.

Die Maus im Stroh

- **Spieler/innen:** ab 1 Kind
- **Material:** für jedes Kind etwas Stroh, 1 Sitzkissen

Die Kinder bilden einen engen Kreis und setzen sich auf ihre Kissen. Die Spielleitung geht in der Kreismitte herum und legt jedem Kind etwas Stroh vor die Füße. Danach setzt sie sich zwischen zwei Kinder, legt sich ebenfalls etwas Stroh vor die Füße und beginnt zu erzählen:

Wo ist nur unsere kleine Maus?
Sie sitzt im Stroh und kommt nicht raus!
Alle Kinder halten beide Hände unter dem Stroh versteckt.

Jetzt kann ich ein Mauseohr sehen.
Vielleicht sollte ich leise hingehen.
Sie strecken den Zeigefinger einer Hand ein wenig aus dem Stroh heraus.

Aber schon ist sie wieder weg.
Das Suchen hat keinen Zweck.
Sie lassen ihren Zeigefinger wieder im Stroh verschwinden.

Im Stroh raschelt auf einmal die Maus.
Ich zähle bis drei, dann springt sie heraus!
Sie bewegen eine Hand unter dem Stroh, sodass es raschelt. Sobald die Spielleitung bis drei gezählt hat, führen die Kinder ihre Hände ruckartig aus dem Stroh und lassen sie wild durch die Luft fliegen. Das ist das Startsignal für eine heitere Strohschlacht!

Kleine Naturtalente am Werk

Angebote zur Förderung der Kreativität und der Feinmotorik

Kreativ mit Naturgegenständen umzugehen, bedeutet, sich mit Herz, Kopf und Hand den meist kleinen unscheinbaren Dingen zu widmen und diese groß herauszubringen – auch wenn dies in der Regel unbewusst geschieht. Beim kreativen Umgang mit Naturmaterialien sind keine komplizierten Anleitungen nötig, die den Kindern die Lust am freien Gestalten nehmen könnten. Kinder treten vor allem dann stolz und gestärkt auf, wenn sie ihre Kunstwerke alleine bewerkstelligen konnten. Aus diesem Grund wirken insbesondere solche Anleitungen unglaublich motivierend, die Raum für eigene Ideen bieten.
Damit die kleinen Künstler jederzeit selbst aktiv werden können, eignet sich eine kleine Bastelecke oder ein Basteltisch, auf dem sie ihre gesammelten Naturmaterialien zum freien Tun vorfinden. Wie bei einem Jahreszeitentisch können je nach Jahreszeit Naturgegenstände hinzukommen und weggenommen werden. Auf diese Weise bleibt das Malen, Drucken, Basteln und Werken mit Naturmaterialien jederzeit spannend und interessant. Gleichzeitig erfahren die Kinder im Jahreslauf, welche Materialien sie wann in der Natur vorfinden.

Malen mit dem Naturpinsel

Malen mit Naturmaterialien ist für Kinder ein außergewöhnliches und mit viel Freude verbundenes Erlebnis, das zur Förderung der Feinmotorik, der Augen-Hand-Koordination und Kreativität beiträgt.

- **Material:** Grashalme, mehrere Farbtöpfchen mit besonders gut deckenden und trocknenden Plakafarben, Malpapier

Sobald alle Kinder die Materialien vor sich liegen haben, nehmen sie einen Grashalm und tauchen ihn wie einen Pinsel in ein Farbtöpfchen mit Plakafarbe. Haftet genügend Farbe am Grashalm, malen die Kinder bunte Spuren auf das Malpapier, indem sie den Grashalm langsam auf dem Malpapier hin und her bewegen.

Spielvariante: Gräser, Blüten und Blätter werden zugleich als Pinsel und Malstift genutzt. Die Kinder reiben die Pflanzenmaterialien so kräftig auf dem Papier hin und her, dass die pflanzlichen Pigmente auf das Papier gelangen.

Walnuss-Glücksanhänger

- **Material:** Bastelkleber, Gold- oder Silberspray, entkernte Walnüsse, Malpapier, Filzstifte, Wollfaden, Zeitungspapier

Jedes Kind erhält zwei zueinander passende Walnusshälften und besprüht diese mit Gold- oder Silberspray, damit sie besonders wertvoll aussehen. Während die Farbe trocknet, malt es sein persönliches Glückssymbol, zum Beispiel ein vierblättriges Kleeblatt, ein Schwein, ein Hufeisen oder einen Schornsteinfeger, auf ein kleines Stückchen Malpapier und legt dies in eine der beiden Walnusshälften. Dann nimmt es einen Wollfaden und wickelt an jedem Ende ein kleines Stück Zeitungspapier fest. Die Enden des Wollfadens werden mit dem Zeitungspapierchen auf die Innenseite einer Nussschale geklebt. Danach wird der Rand der zweiten leeren Walnusshälfte mit Kleber bestrichen und einige Sekunden fest

gegen den Rand der ersten Walnusshälfte gedrückt. Zum Schluss hängen sich alle Kinder ihre fertigen Ketten mit den wertvollen Anhängern um den Hals. Wer errät, welches Glückssymbol sich in den einzelnen Walnussanhängern befindet? Die Antwort kann nur das Besitzerkind geben. Wenn es sein Glückssymbol nicht verraten möchte, bleibt es für immer ein gut gehütetes Geheimnis!

Ein Pflanzenblattbild restaurieren

- **Material:** für jedes Kind 1 Ahorn-, Kastanien- oder Löwenzahnblatt, 1 DIN A4-Bogen Malpapier, Holzstifte, Bastelkleber, 1 Blumenpresse oder Zeitungspapier und dicke Bücher, eventuell 1 Vergrößerungsglas

- **Vorbereitung:** Bei einem Spaziergang im Wald oder auf der Wiese sammeln die Kinder große Pflanzenblätter. Zurück in der Einrichtung sucht sich jedes Kind ein beliebiges Pflanzenblatt aus, das es in die Blumenpresse legt oder mithilfe von alten Zeitungen und dicken Büchern presst. Dafür wird jedes Blatt zwischen zwei Zeitungsseiten gelegt und mit vielen dicken Büchern beschwert. Nach einem Tag sind die Blätter gepresst und trocken.

Jetzt ist es soweit! Jedes Kind holt sich sein Pflanzenblatt, einen Bogen Malpapier und Holzstifte. Die Kinder setzen sich um einen Tisch und reißen behutsam ein kleines Stück vom Rand ihres Blattes weg. Sie kleben ihr Pflanzenblatt auf die Mitte ihres Malpapiers und ergänzen das fehlende Stück, indem sie es anlegen und seine Umrisse nachzeichnen. Anschließend legen die Kinder das herausgerissene Pflanzenstückchen zur Seite. Durch ein Vergrößerungsglas begutachten sie jedes Detail wie Struktur und Farbe des herausgerissenen Stücks, das sie dann nachmalen.

Matschbilder

- **Material:** für jedes Kind etwas Sand, 1 Stock, 1 große Schüssel, Wasser, 1 kleine Gießkanne

Alle Kinder erhalten jeweils eine große Schüssel mit Sand. Sie gießen etwas Wasser gleichmäßig über den Sand und mischen ihn mit den Händen durch. Sobald der Sand gut angefeuchtet ist, streichen sie mit der flachen Hand über den Sand und glätten seine Oberfläche. Wie einen Stift benutzen die Kinder ihren Stock, drücken diesen leicht in den Sand und zeichnen ein Haus, ein Herz oder einen Kreis. Danach beginnt das große Raten. Was haben die einzelnen Künstler gezeichnet?

Spielvariante: Sanddruckerei. Wie einen Stempel drücken die Kinder einen Kieselstein immer wieder in den feuchten Sand, sodass der Umriss einer geometrischen Form entsteht. Auf diese Weise können auch Kreisbilder oder Muster aus Quadraten und Dreiecken gemacht werden. Für welche Variante sich die Kinder auch entscheiden, der fantasievolle Umgang mit Sand macht allen großen Spaß!

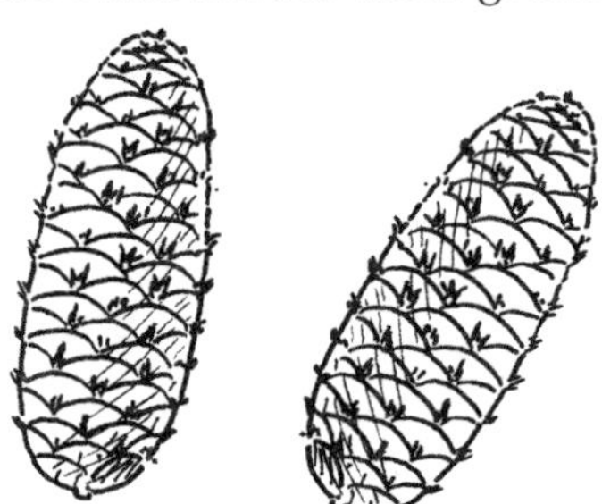

Meine kleine Insel

- **Material:** für jedes Kind 1 großer Schuhkarton ohne Deckel, Sand, etwas Moos, 4 bis 5 Fichtenzapfen, Baumrinde, lange Pflanzenblätter, kleine Kieselsteinchen, 1 Stock, Kleber

Die Kinder sammeln Fichtenzapfen, etwas Moos, ein kleines Stück Baumrinde und ein längliches Pflanzenblatt. Jedes Kind erhält einen

Schuhkarton ohne Deckel, den es fast bis zum Rand mit Sand füllt. In den Sand stecken die Kinder die Spitzen der Fichtenzapfen. Auf die senkrecht stehenden Zapfen kleben sie etwas Moos, sodass prächtige Laubbäume entstehen. Die Spitzen des länglichen Pflanzenblatts kleben sie an zwei gegenüberstehenden Bäumen fest, sodass das Blatt eine kleine Hängematte darstellt. Auf dem Sand verteilen die Kinder ein paar Kieselsteinchen und legen ein kleines Stück Rinde aus. Dies ist ihr Floß, mit dem sie ihre Insel jederzeit verlassen können.

Spielidee: Die Kinder setzen sich um den Tisch und stellen ihre Insel vor sich auf. In Gedanken werden sie mit dem Floß auf ihre Insel rudern und es sich dort gemütlich machen. Sie lassen die Arme auf dem Tisch ruhen und schließen die Augen. Wer möchte, darf seinen Kopf nach vorne neigen und auf die Unterarme legen. Nun schaltet die Spielleitung eine kurze, ruhige Instrumentalmusik mit Wassergeräuschen ein. Ist das Musikstück beendet, kündigt die Spielleitung die Rückreise an. Sie macht eine kurze Sprechpause. Am Hafen bittet sie die Kinder, auszusteigen und langsam wieder in den Raum zurückzukehren. Die Kinder öffnen ihre Augen, machen eine Faust, recken und strecken sich ausgiebig. Sie erzählen von den Erlebnissen auf ihrer Insel und hören sich gegenseitig zu. Wer keine Lust zum Erzählen hat, kann ein Bild von seiner Insel malen.

Walnussgespenst

- **Material:** für jedes Kind 1 Walnuss, 1 Papiertaschentuch, 1 Goldfaden, 1 schwarzer Filzstift, 1 Nähnadel, Bastelkleber, Zeitungspapier

Alle Kinder erhalten die beiden Schalen einer entkernten Walnuss und ein Papiertaschentuch. Sie schneiden einen etwa 20 Zentimeter langen Goldfaden zu, umwickeln dessen Enden mit Zeitungspapier und kleben diese in einer Walnusshälfte fest. Dann bestreichen sie die Ränder beider Walnusshälften mit Bastelkleber und drücken diese fest zusammen. Die Mitte des Taschentuchs versehen die Kinder mit einem kleinen Loch, durch das sie den Goldfaden ziehen. Die Walnuss befindet sich nun unter dem Taschentuch und stellt den Kopf des Gespenstes dar. Auf das Taschentuch malen die Kinder die Augen, die Nase und den Mund. Jetzt können sie ihr Gespenst fliegen lassen, indem sie es am Goldfaden festhalten und durch die Luft schwingen.

Variation: Alle Kinder basteln zwei bis drei Gespenster mit verschieden langen Goldfäden und binden diese nebeneinander an einem langen Stock fest. Die Stockenden versehen die Kinder mit einem weiteren Faden, sodass sie ihr Gespenstermobile im Raum aufhängen können.

Stabpuppen

- **Material:** für jedes Kind 1 dicker Stock, 1 getrocknetes Pflanzenblatt, etwas Moos, 1 Fruchtbecher einer Eichel, dicke Filzstifte, Bastelkleber

- **Vorbereitung:** Die Kinder sammeln dicke Stöcke, die Fruchtbecher der Eicheln und große Pflanzenblätter. Mit der Blattpresse werden die Blätter getrocknet und gepresst (siehe Seite 69).

Jedes Kind erhält ein gepresstes Pflanzenblatt. Darauf malt es Augen, Mund und Nase. So entstehen fantasievolle Gesichter, die jeweils auf eines der beiden Stockenden geklebt werden. Für die Haare nehmen die Kinder ein wenig Moos, das sie mit Kleber anbringen. Jetzt fehlt nur noch ein Hut, den sie aus dem Fruchtbecher einer Eichel herstellen. Fertig sind die einfachen, jedoch effektvollen Stabpuppen.

Spielidee: Ein Tisch wird mit einem weißen, blickdichten Tuch abgedeckt. Damit das Tuch nicht vom Tisch rutscht, wird es mit dicken Büchern beschwert. Ein Kind setzt sich unter den Tisch auf ein Kissen und hebt seine Stabpuppe in die Luft. Die Spielleitung schaltet die Tanzmusik ein, zu der das Kind seine Puppe rhythmisch hin und her bewegt. Die Kinder, die vor der Spielfläche sitzen und die tanzende Stabpuppe sehen, klatschen im Takt der Musik mit. Nach einiger Zeit schaltet die Spielleitung die Tanzmusik aus. Daraufhin kommt das Kind unter dem Tisch hervor, verneigt sich mit seiner Puppe vor dem Publikum und genießt den Applaus.

Kastanienbauch oder Grashaare?

- **Material:** für jedes Kind 1 kleines Stöckchen, 1 Stein, 1 Blatt von einem Laubbaum oder 1 Kastanie, Straßenkreide

Jedes Kind nimmt sich einen Stock, einen Stein, ein Pflanzenblatt oder eine Kastanie und legt diese vor sich auf den Asphalt. Dann setzt es sich mit einem Kissen auf den Boden und überlegt, wie es seinen Naturgegenstand fantasievoll in sein Straßenbild einbeziehen könnte. Möglicherweise entsteht ein Mensch mit einem Kastanienbauch oder ein Käfer mit einem Pflanzenblatt als Körper.

Variation: Jedes Kind klebt ein gepresstes Laubblatt auf sein Malpapier und bezieht es in sein Kunstwerk ein.

Herbstliche Namensschilder

- **Material:** für jedes Kind 1 Kastanie, 1 Kastanienblatt, 1 Schere, Filzstifte, Zeitungspapier, Handbohrer, Klebeband, Kleber, Filzstifte

- **Vorbereitung:** Die Kinder sammeln Kastanienblätter und pressen diese mit der Pflanzenpresse (siehe Seite 69).

Alle Kinder erhalten ein gepresstes Herbstblatt und eine Kastanie. Auf der Mitte ihres Herbstblatts bringen sie einen Streifen Klebeband an und beschriften ihn mit ihrem Vornamen. In die Oberseite der Kastanie bohren sie mithilfe des Handbohrers ein kleines, etwa 2 Zentimeter tiefes Loch, das möglichst in der Mitte platziert sein sollte. In diese Öffnung geben sie einen dicken Tropfen Klebstoff. Den Blattstiel umwickeln sie so mit Zeitungspapier, dass er sich gut in das Loch hineinstecken lässt und nicht herausrutscht. Fertig sind die Namensschilder der Kinder, die auf einem herbstlich gedeckten Tisch besonders dekorativ wirken.

Baumrindendrache

- **Material:** für jedes Kind 1 Stück Baumrinde, Herbstblätter, 1 Malkittel, Plakafarben, 1 Pinsel, Schnur, Kleber

Nachdem alle Kinder ihre Malkittel übergezogen haben, erhalten sie Plakafarben, einen Pinsel sowie ein Stück Baumrinde. Mit diesen Materialien setzen sich um einen Tisch und malen ein Drachengesicht auf die Baumrinde. Am unteren Ende der Baumrinde befestigen sie mit Kleber eine Schnur und versehen diese mit ein paar Blättern, welche die Schleifen darstellen. Für die Ohren nehmen sie zwei große Blätter und bringen diese am Drachenkopf an. Jetzt haben die Kinder einen originellen Drachen, den sie in einem Regal oder auf der Fensterbank aufstellen können.

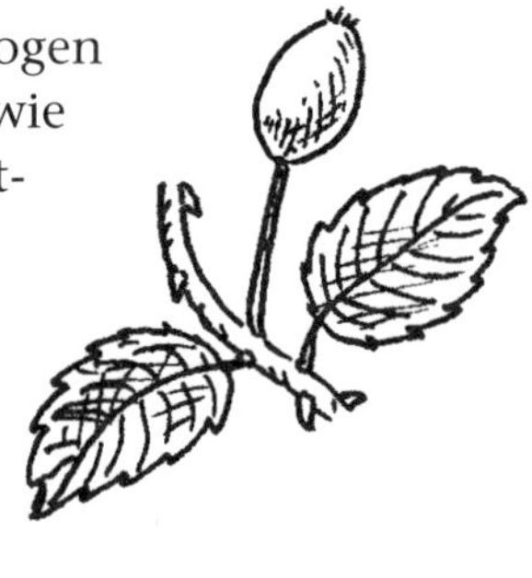

Kreisbilder auf Baumscheiben

Mandalas sind Kreisbilder, die Kinder auch in ihrer Umgebung beobachten können. Das Malen oder Legen eines Kreisbildes wirkt beruhigend und hilft Aggressionen abbauen. Zudem fördert es die Konzentration und Ausdauer. Damit alle Kinder möglichst gut zur Ruhe kommen, kann eine Entspannungsmusik leise im Hintergrund erklingen.

- **Material:** für jedes Kind 1 Baumscheibe (2 bis 3 Zentimeter Höhe), bunte Schnüre, 1 Schere

Jedes Kind erhält eine Baumscheibe und sucht sich einen Platz, an dem es ungestört die Jahresringe seiner Baumscheibe betrachten kann. Auf jeden Jahresring legen die Kinder einen Kreis mit einer andersfarbigen Schnur, die sie gegebenenfalls zuschneiden. Sie beginnen dabei mit dem ersten Ring in der Mitte der Baumscheibe. So entsteht von innen nach außen ein farbiges Kreisbild.

Igelfamilie im Herbstwald – Fensterbild

- **Material:** für jedes Kind getrocknete Herbstblätter, 1 Malkittel, Tesafilm, Fingerfarben

Die Kinder suchen sich ein großes Fenster aus, ziehen ihren Malkittel an und holen Fingerfarben, mit denen sie eine Igelfamilie auf die Glasscheibe zaubern. Dann malen sie noch ein bis zwei kahle Bäume dazu und kleben viele bunte Herbstblätter oberhalb des Fensterbretts auf. So sieht es aus, als würde die Igelfamilie am Fenster entlanglaufen. Einige Herbstblätter kommen in die kahlen Zweige der Bäume und werden wahllos über das Fenster verteilt, da diese gerade vom Wind weggeweht werden.

Ein Vorhang aus Blättern

- **Material:** 1 großer Stock, Herbstblätter, 10 lange Bindfäden, 2 dicke Wollfäden, Nähnadeln

Die Kinder ziehen einen langen Faden mithilfe einer Nähnadel durch mehrere gepresste Pflanzenblätter (siehe Seite 69). Damit zwischen den einzelnen Blättern ein wenig Abstand bleibt, verknoten die Kinder den Faden nach jedem Blatt. Auf diese Weise werden etwa zehn verschieden lange Blätterschnüre aufgefädelt und der Reihe nach an einem großen Stock befestigt. An den beiden Stockenden binden die Kinder jeweils einen langen Wollfaden. Das andere Ende der Wollfäden befestigen sie an der Zimmerdecke über einem freien Fenster, sodass die Blätterschnüre wie ein Vorhang herunterhängen.

Variation: Wer möchte, kann abwechselnd Blätter und Kastanien auffädeln oder zwischen mehreren Blätterschnüren einzelne Kastanienschnüre anbringen. Das sieht zwischen herunterhängenden Blättern hübsch aus.

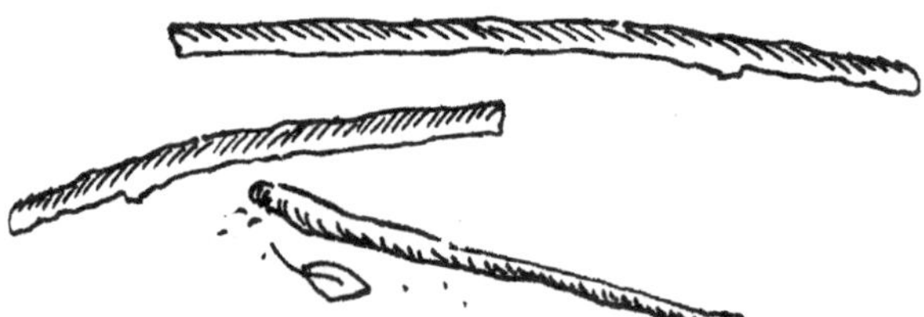

Legebild auf dem Waldboden

- **Material:** für jedes Kind 4 große Stöcke, 10 verschiedene Naturmaterialien

Die Kinder sammeln große Stöcke und legen damit ein Viereck auf dem Waldboden aus. Das ist der Rahmen ihres Bildes, das sie jetzt gestalten dürfen. Für ihr Bild sammeln sie einen Stein, einen Tannenzapfen, verschiedene Fruchtarten, Moose, Blätter, Wurzeln und Ähnliches.

Spielidee: Alle Kinder stellen sich vor eines der Bilder und betrachten es aufmerksam. Sie knien sich auf den Boden und schließen ihre Augen. Ein Waldkobold – in diesem Fall der Künstler des Bildes – nimmt ein beliebiges Naturmaterial weg oder tauscht zwei Dinge miteinander aus. Die Kinder öffnen ihre Augen und sollen den Fehler herausfinden. Wer zuerst die richtige Antwort weiß, spielt den neuen Waldkobold.

Jahreszeitennetz

- **Material:** 1 Fischer- oder Baumwollnetz (4,5 x 2 Meter), lange Fäden, Nähnadeln, Scheren, farbige Tonpapierreste

Ähnlich wie ein Jahreszeitentisch, auf dem sich unterschiedliche Naturmaterialien befinden, kann ein Fischer- oder Baumwollnetz die jahreszeitlichen Veränderungen eindrucksvoll verdeutlichen. Dazu wird ein großes Netz aufgehängt, das wie ein Baldachin einen Teil des Gruppenraums überspannt. Je nach Jahreszeit sammeln die Kinder unterschiedliche Dinge in der Natur, die im Netz befestigt werden. Im Frühling können dies ein leeres Vogelnest, Federn, aber auch Tücher in frischen hellen Frühlingsfarben sein. Außerdem sammeln die Kinder bunte Frühlingsblumen und hellgrüne Blätter, die gepresst (siehe Seite 69) und mithilfe eines Nähfadens einzeln oder als Kette an das Netz gehängt oder einfach in das Netz gelegt werden. Sehr dekorativ wirken auch aus Tonpapier gestaltete Schmetterlinge oder Vögel, deren Flügel mit gepressten Blumen und Blättern oder gar Federn verziert sind.

6 Mitmachgeschichten rund um die Natur

Reime zur Förderung der Aufmerksamkeit und der Bewegungsfreude

Kurze Spielgeschichten in Reimen sind unterhaltsam und können zugleich Wissenswertes vermitteln. Sie bieten sich für große und kleine Kinder gleichermaßen an, denn keines der Kinder muss unnötig lange auf seinem Platz sitzen oder stehen bleiben. Stattdessen werden sie von Anfang an in das Spielgeschehen eingebunden. Die Reimform ermuntert zum Mitsprechen und die einfachen Texte zum Mitmachen. Der zusätzliche Einsatz vielseitig nutzbarer Naturgegenstände macht die Geschichten spannend und lebendig, sodass die Kinder gerne in fremde Rollen schlüpfen. Dabei springen sie zum Beispiel wie ein Eichhörnchen von Ast zu Ast, um vor einem imaginären Baummarder zu fliehen. Faszinierend für Kinder ist es auch, wenn sie barfuß im weichen Gras gehen oder als Biene zu den Blüten fliegen dürfen. Auf diese Weise kommen sie fast wie von selbst in Bewegung und laufen, hüpfen, springen, schleichen oder balancieren – ohne Leistungsdruck und Frust! Sogar Kinder, die sonst ungern Sport treiben, machen motiviert und begeistert mit. Zudem wirkt sich dieser Spielspaß, den Mitmachgeschichten gewährleisten, auch positiv auf das Gruppenklima aus. Wenn die Kinder gemeinsam eine Geschichte hören, umsetzen und sich dazu bewegen, nehmen sie sich gegenseitig intensiver wahr und lernen sich besser kennen. Diese Erfahrungen und Erlebnisse fördern sowohl das Zusammengehörigkeitsgefühl wie auch das einzelne Kind.

Tiere im Wald entdecken

Material: viele Baumscheiben, für jedes Kind 1 Blume

Auf dem Spielfeld hat die Spielleitung zahlreiche Baumscheiben und für jedes Kind eine Blume verteilt.

Im Wald gibt es viel zu hören und zu sehen.
Komm, lass uns im Wald spazieren gehen.
Gehen und umhersehen.
Das Vogelgezwitscher ertönt im Wald.
Um es zu genießen, machen wir Halt.
Gehen und dabei pfeifen. Stehen bleiben.
Ein Eichhörnchen klettert auf einem Baum.
Es ist so flink, man es glaubt es kaum.
Auf einer Baumscheibe wie ein Eichhörnchen klettern.
Das Eichhörnchen springt plötzlich weg.
Eine Verfolgungsjagd hat jedoch keinen Zweck.
Von einer Baumscheibe springen. Loslaufen.
Eine Erdhummel setzt sich auf einer Blüte nieder.
Sie sammelt Nektar ein und fliegt dann wieder.
In der Hocke wie eine Hummel Nektar sammeln.
Wir gehen weiter und bleiben dann stehen.
Denn auf dem Boden gibt es etwas zu sehen.
Gehen und dann stehen bleiben. Auf den Boden schauen.
Ameisen laufen im Gänsemarsch umher.
Wir beobachten sie und gehen hinterher.
Hintereinander gehen.
Sie gehen zu einem großen Ameisenhaufen.
Dort sieht man viele Ameisen laufen.
Einen Kreis bilden. Auf den Boden schauen.
Bestimmt kann man noch andere Tiere sehen.
Doch es ist an der Zeit, nach Hause zu gehen.
Gehen.

Das Eichhörnchen und der Baummarder

◆ **Material:** Stöcke, Haselnüsse

Auf dem Boden werden viele Stöcke so ausgelegt, dass sie die Äste von Bäumen darstellen. Zudem werden Haselnüsse verteilt. Die Kinder spielen die Eichhörnchen.

Alle Eichhörnchen springen von Ast zu Ast.
Nach einer Weile machen sie schließlich Rast.
Über die Stöcke springen. Vor einem Stock stehen bleiben.
Nun klettern wir den großen dicken Baum empor.
Dann lauschen wir mit dem einen und anderen Ohr.
Pantomimisch klettern. Stehen bleiben. Eine Hand ans Ohr halten und lauschen.
Jetzt können wir einen Baummarder sehen.
Oh Schreck! Wir wollen lieber gleich gehen.
Eine Hand an die Stirn halten und erschrocken schauen.
Wir klettern schnell den Stamm herunter.
Dabei sind wir ganz aufmerksam und munter.
Pantomimisch klettern.
Gespannt schauen wir uns auf einem Ast um.
Wir klettern weiter und drehen uns nicht herum.
Neben dem Stock stehen bleiben. Pantomimisch klettern.
Rasch springen wir von Ast zu Ast.
Dabei machen wir überhaupt keine Rast.
Von einem Stock zum anderen springen.
Wir können den Baummarder nicht mehr sehen.
Nun können wir wieder viel langsamer gehen.
Suchend umherschauen und langsam weitergehen.
Zum Glück ist nichts passiert, es geht uns gut.
Wir haben die Gefahr überwunden. Das macht uns Mut.
Einen glücklichen Gesichtsausdruck machen.
Vor Freude sammelt jedes Eichhörnchen eine Nuss.
Das gute Ende kommt zum Glück am Schluss!
Eine Haselnuss suchen.

Winterruhe oder Winterschlaf?

Material: Herbstblätter, Nüsse, Äpfel, Servietten

Vor Spielbeginn werden viele Herbstblätter auf dem Boden verteilt. Im Laub sind einige Nüsse und Äpfel versteckt, die auf Servietten liegen. Alle Kinder suchen sich einen Platz im Raum und bleiben stehen.

Es ist Herbst und es wird allmählich kalt.
Farbenfroh sind die Herbstblätter im Wald.
Sich selbst umarmen.
Auf dem Waldboden sind Herbstblätter zu sehen.
Das Laub unter den Füßen raschelt beim Gehen.
Auf den Boden schauen. Auf den Blättern gehen.
Wir gehen weiter und bleiben dann ruhig stehen.
Von Ferne können wir ein Eichhörnchen sehen.
Stehen bleiben. Mit einer Hand an der Stirn umherschauen.
Es sammelt sehr gerne die leckeren Nüsse ein.
Nüsse schmecken ihm besonders fein.
Einige Nüsse aufheben und genussvoll daran knabbern.
Die Nüsse versteckt es überall, wo es kann.
Wird es die Nüsse gebrauchen irgendwann?
Nüsse verstecken. Stehen bleiben und antworten.
Ja, denn im Winter ruht es sich ein wenig aus.
Zum Fressen kommt es aus dem Nest heraus.
Stehen bleiben und zuhören.

Wir gehen weiter und bleiben dann ruhig stehen.
Denn jetzt können wir einen stacheligen Igel sehen.
Gehen und dann stehen bleiben. Suchend umherschauen.
Der Igel muss im Herbst auf Nahrungssuche gehen.
In dieser Zeit kann man viele stachelige Igel sehen.
Nach Nahrung suchen.
Hält er Winterschlaf, muss er etwas dick sein.
Insekten und Äpfel sind zum Fressen für ihn fein
Mit den Händen einen dicken Bauch andeuten, einen Apfel suchen und hineinbeißen.

Er schmatzt genüsslich und lässt es sich gut gehen.
Im Frühling steht er auf und ist dann wieder zu sehen.
Schmatzend die Augen schließen und Schnarchgeräusche machen.
Sich recken und strecken.

Nachts im Wald – Tiere entdecken

◆ **Material:** Stöcke, Steine, Haselnüsse

Die Kinder sammeln Stöcke, Steine und Haselnüsse. Diese verteilen sie unter den Bäumen des Spielfelds. Danach bilden sie einen Kreis und lauschen den Worten der Spielleitung.

Welche Tiere mögen den Tag nicht sehr?
Antworten.
Welche Tiere mögen die Nacht viel mehr?
Antworten.
Die Haselmaus ruht sich tagsüber aus.
Nachts kommt sie aus ihrem Versteck heraus.
Sich recken und strecken.

Sie läuft rasch über Stock und Stein.
Meistens sieht man sie ganz allein.
Über die Stöcke und Steine laufen.
Sie sucht eine Haselnuss und nimmt sie mit.
Nüsse halten sie besonders fit.
Eine Nuss suchen und in die Hosentasche stecken.
Die Eule hält sich versteckt am Tag.
Sie ist ein Vogel, welche die Nacht mag.
Sich hinter einem Baum verstecken.
Lautlos jagt sie nachts eine kleine Maus.
Schafft es die Maus noch in ihr Haus?
Pantomimisch fliegen und eine Maus jagen.
Die Maus ist schnell und gleich fort.
Die Eule fliegt zu einem anderen Ort.
In aller Ruhe weiterfliegen.

Der Siebenschläfer hat tagsüber einen Traum.
Nachts klettert er gerne auf einen Baum.
Einen Stock vor den Bauch halten und darüber steigen.
Nachts ist er aktiv und putzmunter.
Blitzschnell klettert er vom Baum runter.
Den Stock hinter dem Rücken halten und darüber steigen.
In der Winterszeit ist es ihm viel zu kalt.
So macht er einen Winterschlaf im Wald.
Pantomimisch schlafen und Schnarchgeräusche machen.

Das Gras unter unseren Füßen

Die folgende Mitmachgeschichte eignet sich für einen schönen Tag und kann auf einer trockenen Wiese gespielt werden. Dabei sollten die Kinder ihre Schuhe ausziehen, sodass sie das weiche Gras unter ihren Füßen spüren.

Barfuß stehen wir auf dem Gras.
Dabei sind wir leise wie ein Has'.
Ruhig stehen bleiben.
Unter den Füßen spüren wir das Gras
Dabei sind wir leise wie ein Has'.
Das Gras bewusst wahrnehmen.
Behutsam gehen wir auf dem Gras.
Dabei sind wir leise wie ein Has'.
Langsam spazieren gehen.
Wir achten auf die Blumen im Gras.
Dabei sind wir leise wie ein Has'.
Um die Blumen herumgehen.
Wir lassen die Insekten im Gras.
Dabei sind wir leise wie ein Has'.
Insekten nicht zertreten.
Wir bleiben stehen im Gras.
Dabei sind wir leise wie ein Has'.
Stehen bleiben.

Wir recken uns auf dem Gras.
Dabei sind wir leise wie ein Has'.
Stehen bleiben und sich recken.
Wir strecken uns auf dem Gras.
Dabei sind wir leise wie ein Has'.
Stehen bleiben und sich strecken.
Wir genießen das grüne Gras.
Dabei sind wir leise wie ein Has'.
Stehen bleiben.
Wir fühlen uns wohl im weichen Gras.
Dabei sind wir leise wie ein Has'.
Die Augen schließen.
Vor Freude hüpfen wir wie ein Has'.
Dabei genießen wir das weiche Gras.
Wie ein Hase auf der Stelle hüpfen.

Woher stammen die Erdhügel?

◆ **Material:** 8 bis 10 Tische, Gras, Erde, für jedes Kind 1 Schuhkarton ohne Deckel

Das folgende Spiel eignet sich hervorragend für die Innenräume. Auf acht bis zehn Tischen legen die Kinder so viel Gras aus, dass eine Wiese entsteht. Dann füllt jedes Kind seinen leeren Schuhkarton bis zum Rand mit Erde. Das sind die Maulwurfshügel, die auf den Tischen aufgestellt werden.

Komm', lass uns auf unsere grüne Wiese gehen.
Dort gibt es etwas Merkwürdiges zu sehen.
Um die Tische herumgehen und sich umschauen.
Unter der Erde gräbt ein Maulwurf einen Gang.
Der wird breit, hoch und ganz schön lang.
Unter einem Tisch kriechen und pantomimisch graben.
In den Gängen kann er auch rückwärts gehen.
Meist kann man ihn vorwärts gehen sehen.
Unter den Tischen rückwärts und vorwärts kriechen.

Er ist fast blind, kann gut riechen und tasten.
Ab und zu bleibt er stehen und tut rasten.
Schnuppernd die Tischbeine und den Boden abtasten.
Er baut Nest-, Vorrats- und Schlafräume.
In der Schlafkammer hat er gute Träume.
Pantomimisch ein Nest bauen. Verträumt die Augen schließen.
Das überschüssige Erdmaterial schaufelt er weg.
Es hat für ihn unter der Erde keinen Zweck.
Mit den Händen die imaginäre Erde wegschaufeln.
Auf der Wiese sind dann die Erdhügel zu sehen.
Sie belüften die Gänge, die unter der Wiese stehen.
Auf die Kartons deuten.
Er läuft in seinen Gängen und bleibt stehen.
Nun will er nach etwas Futter sehen.
Unter dem Tisch herumkrabbeln.
Schädlinge mag er besonders gerne fressen.
Magst du diese vielleicht auch gerne essen?
Pantomimisch essen und dann antworten.
Der Maulwurf ist ein nützliches Tier.
Dass das gut ist für den Garten, verstehen wir.
Zuhören.

Von der Blüte zum Honig

Material: 1 leere Holzkiste, 1 Wabenwand, eventuell 1 Imkerschleier, 1 Korb mit Getränken, für jedes Kind 1 Chiffontuch und 1 Trinkglas

Mitten auf der Blumenwiese steht eine Holzkiste, auf der Chiffontücher, ein Imkerschleier und eine Wabenwand liegen. Am Rand der Wiese befindet sich ein Korb mit Getränken und Gläsern. Sobald alle Kinder nicht weit voneinander entfernt auf der Wiese stehen, beginnt die Spielleitung zu erzählen:

Eine Biene fliegt von Blüte zu Blüte.
Summt vergnügt und ist nicht müde.
Von Blume zu Blume gehen, dabei pantomimisch wie eine Biene fliegen.
Sie sammelt fleißig den feinen Nektar ein.
Der Nektar kommt in die Honigblase rein.
Den imaginären Nektar in die Hosentasche stecken.
In ihrer Honigblase bleibt er dann liegen.
Sag', wie können wir den Honig kriegen?
Antworten.
Sie fliegt zu ihrem Stock oder in ihr Nest.
Zu den Bienen bringt sie alles bis zum Rest.
Zur Kiste fliegen, die den Bienenstock darstellt.
Bienen leben miteinander und nicht allein.
Sonst würden die Bienen ganz einsam sein.
Sich gegenseitig die Hände geben.
Die Wabenplatten sind im Holzkasten fest.
Die fleißigen Bienen füllen diese bis zum Rest.
Spielleitung zeigt die Wabenwand und legt sie auf die Kiste. Alle Bienen füllen pantomimisch die Wabenwand.
Imker oder Imkerin ziehen einen Schleier an.
Geschützt trauen sie sich an den Stock heran.
Spielleitung zeigt einen Imkerschleier und verteilt die Chiffontücher, die sich die Kinder um den Kopf legen.
Vorsichtig holen sie die gefüllten Platten raus.
Entdeckeln diese, denn der Honig soll raus!
Spielleitung legt die Wabenwand zur Seite.
Die Waben kommen in eine Schleuder rein.
Den fertigen Honig füllen sie in Gläser hinein.
Alle drehen sich um die eigene Achse und füllen pantomimisch den Honig in Gläser.
Von ihnen erhalten die Bienen dafür Futter.
Sie umsorgen ihre Bienen wie ein Vater und eine Mutter.
Getränke in Bechern verteilen. Während alle trinken, erklärt die Spielleitung, dass der Imker seinen Bienen Zuckersirup gibt, damit sie den Winter gut überstehen.

Pflanzen-, Fleisch- oder Allesfresser?

◆ **Material:** Gräser, Kräuter, Klee, Beeren, Blumen

Die gesammelten Naturgegenstände verteilen die Kinder auf dem Spielfeld. Danach schlüpfen sie in verschiedene Tierrollen, welche die Spielleitung vorstellt.

Schau her, da steht ein Reh im Schnee.
Sie fressen gerne Gräser, Kräuter und Klee.
Zu den Gräsern, Kräutern oder dem Klee laufen.
Schau her, da steht ein großes Wildschwein.
Ihm schmecken Gräser und Tiere fein.
Grunzend zu den Gräsern laufen und genüsslich schmatzen.
Schau her, da lauert ein Fuchs auf dem Gras.
Er frisst am allerliebsten Fleisch wie ein Has.
Lauern und so tun, als ob man einen Hasen fangen würde.
Schau her, da hoppelt ein kleiner Feldhase.
Er riecht das saftige Gras vor seiner Nase.
Zu den Gräsern hüpfen.
Schau her, da krabbelt eine kleine Waldmaus.
Pflanzenblätter locken sie aus ihrem Loch heraus.
Zu den Blättern krabbeln.
Schau her, da fliegt ein Mäusebussard steil herunter.
Auf der Jagd nach einer Maus, ist er ganz munter.
So tun, als ob man fliegen und eine Maus jagen würde.
Schau her, da läuft ein Baummarder im Wald umher.
Insekten, Beeren und Vögel schmecken ihm sehr.
Zu den Beeren laufen und genüsslich schmatzen.
Schau her, da fliegt ein Rotkehlchen im Wald herum.
Es schaut sich nach Spinnen, Insekten und Beeren um.
Suchend umherfliegen.
Schau her, da fliegt eine Biene um eine Blüte herum.
Sie trinkt den Nektar, dann kehrt sie wieder um.
Um eine Blume herumfliegen, stehen bleiben und wegfliegen.

Schau her, da krabbelt eine kleine Spinne umher.
Die im Netz gefangenen Insekten schmecken ihr sehr.
Im Kreis herumkrabbeln und genüsslich schmatzen.

Hase und Fuchs

Auf einer Wiese mit Büschen oder Bäumen stecken die Kinder ein Spielfeld ab, indem sie auf die Ecken ein paar Jacken legen. Danach sucht sich jedes Kind einen Platz aus und spielt einen Hasen.

Wer hoppelt denn hier im Gras?
Es ist ein kleiner Feldhas'.
Auf der Stelle springen.
Er springt über das hohe Gras.
Er schnuppert mit seiner Nas'.
Springen und schnuppern.
Doch plötzlich bleibt er stehen.
Denn er möchte nicht weitergehen.
Stehen bleiben.
Er horcht und macht sich groß.
Dann springt er ganz schnell los.
Eine Hand an das Ohr halten und lauschen.

Oh Schreck, ein Fuchs hat ihn gesehen.
Deshalb muss er ganz schnell gehen.
Einen erschrockenen Gesichtsausdruck machen.
Der Fuchs läuft dem Hasen hinterher.
Das gefällt dem Hasen nicht sehr!
Weglaufen.
Er sieht ein Gebüsch und ist weg.
Verfolgen hat jetzt keinen Zweck.
Sich hinter einem Busch verstecken.
In diesem Versteck gewinnt er Zeit.
Kein Hase ist zu sehen weit und breit.
Abwarten.

Der Hase ruht sich ein wenig aus.
Dann kommt er aus dem Versteck heraus.
Ausruhen und aus dem Versteck kommen.
Und wer springt wieder auf dem Gras?
Es ist natürlich unser kleiner Feldhas'.
Auf der Wiese herumspringen.

Was krabbelt, fliegt oder hüpft denn da?

Material: Stöcke, Baumstammstücke, Laub, etwas Moos

Auf dem Boden liegen die Naturgegenstände verteilt. Die Kinder stellen sich dazu und warten, bis sie das erste Tier der folgenden Mitmachgeschichte spielen dürfen.

Die Ameisen krabbeln gerne hier im Land.
Sogar über Stöcke und auf der Hand.
Über die Stöcke krabbeln.
Die Vögel fliegen schnell und ganz weit fort.
Im Winter fliegen viele zu einem warmen Ort.
Mit ausgestreckten Armen Flugbewegungen machen.
Der schlaue Fuchs schleicht sich gerne an.
Dabei kommt er ganz nah an die Beute heran.
Schleichend umhergehen.
Der Hase schlägt Haken und ist schnell weg.
Ihn zu verfolgen, hat meist keinen Zweck.
Im Zickzack laufen.
Das Wildschwein kann sehr schnell laufen.
Danach muss es meist kräftig schnaufen.
Laufen, stehen bleiben und laut schnaufen.
Die Mäuse laufen schnell im Wald herum.
Dabei schauen sie sich hin und wieder um.
Laufen und sich gelegentlich umsehen.

Die Frösche hüpfen und quaken gern.
Ihren Gesang hört man von nah und fern.
Hüpfen und quaken.
Die Bienen fliegen und summen im Chor.
Das ist gut zu hören mit dem Ohr.
Pantomimisch fliegen und summen.
Das Eichhörnchen klettert auf den Baum.
Hoch oben im Nest, hat es einen Traum.
Auf einen Baumstamm steigen und sich schlafend stellen.
Der Igel läuft gerne auf dem Laub und Moos.
Bei Gefahr rollt er sich ein, danach läuft er los!
Über das Laub und Moos krabbeln, stehen bleiben, sich klein machen und losrennen.

Rindentrommlerin und Baumstammtänzer

Spiele zur Förderung des Rhythmusgefühls und der körperlichen Ausdrucksfähigkeit

Hin und wieder stehen bleiben, die Augen schließen und einfach dem Gesang eines Vogels, dem Plätschern eines Baches oder dem Heulen des Windes lauschen. Das macht sensibel für die leisen Töne und Geräusche der Natur. Doch die Kinder machen sich auch gerne selbst auf den Weg, um einfache Naturgegenstände zu suchen, mit denen sie eigene Musik machen können. Meist finden sie schnell heraus, dass sich zwei Stöcke als Klangstäbe eignen oder sich aus einem Stück Rinde und einem Stock eine Holzblocktrommel herstellen lässt. Derartige Musikinstrumente eignen sich hervorragend, um ein Lied oder ein Instrumentalstück zu begleiten. Dabei können die Kinder ein Orchester bilden oder als Solist auftreten.

Einen einfachen Rhythmus spielen, ein Lied vorsingen oder ein Musikstück hören und sich dabei rhythmisch bewegen, das schult die akustische Aufmerksamkeit, das Rhythmusgefühl und die körperliche Ausdrucksfähigkeit. Der zusätzliche Einsatz von einfachen Naturgegenständen fördert die Fantasie und im besonderen Maße das Selbstwertgefühl. Das ist kein Wunder! Denn wer von uns würde nicht voller Stolz auf einem Instrument zu spielen, das dem eigenen Ideenreichtum entsprungen ist? Um Kindern diese Erfahrung zu ermöglichen, sollten sie zunächst eigene Einfälle entwickeln dürfen, bevor wir ihnen den einen oder anderen wohlmeinenden Vorschlag unterbreiten.

Baumstamm-Trommelkonzert

- **Spieler/innen:** ab 3 Kinder
- **Material:** Baumstämme, für jedes Kind 2 kurze, dicke Stöcke

Die Kinder bilden kleine Gruppen. Sie sammeln dicke kurze Stöcke und suchen nah beieinander stehende Bäume oder auf dem Boden liegende Baumstämme. Wichtig ist, dass alle Kinder genügend Platz zum Trommeln haben. Sobald die Spielleitung die Hand hebt und ein allen bekanntes Lied anstimmt, beginnen die Kinder zu singen. Zum Rhythmus der Melodie schlagen sie mit ihren Stöcken gegen ihren Baumstamm.

Spielvariante: Ein Kind spielt den Dirigenten und bestimmt durch Handzeichen, welche Kleingruppe das angestimmte Lied rhythmisch begleiten soll. Sobald das Kind auf eine andere Kleingruppe zeigt, stoppt die erste Gruppe ihr Trommelspiel und hat die zweite Gruppe ihren Einsatz. Natürlich kann der Dirigent auch auf zwei Gruppen gleichzeitig deuten, damit sie das Lied gemeinsam rhythmisch begleiten.

Musikalische Steinmetze

- **Spieler/innen:** ab 8 Kinder
- **Material:** für jedes Kind 2 Steine

Die Kinder bilden einen Innen- und Außenkreis, sodass sich jeweils zwei Kinder gegenüberstehen. Alle Kinder erhalten zwei Steine, die gut in ihre Hände passen. Die Kinder singen ein bekanntes, jedoch nicht zu langes Kinderlied wie »Alle meine Entchen« oder »Fuchs, du hast die Gans gestohlen«. Gleichzeitig schlagen sie ihre beiden Steine rhythmisch gegen die ihres Partnerkindes. Ist das Lied beendet, gehen die Kinder im Innenkreis einen Platz nach rechts weiter, sodass neue Paare entstehen und das nächste Lied beginnen kann. Erst wenn die Kinder im Innenkreis wieder auf ihrem Ausgangsplatz stehen, endet das Spiel.

Baumstammtänzer/innen

Auf einem Baumstamm balancieren fördert die Motorik und macht allen Kindern viel Spaß. Und wenn sie dabei kleine Kunststücke vorführen dürfen, sind sie ganz besonders stolz auf ihr Können.

- **Spieler/innen:** ab 4 Kinder
- **Material für 4 Kinder:** 1 langer Baumstamm, 4 Stöcke, Tanzmusik

Auf dem Boden liegt ein Baumstamm. Einige Schritte davon entfernt stellen sich alle Kinder im Kreis auf. Eines der Kinder geht in die Mitte. Es zählt Silbe für Silbe die Kinder im Kreis aus, während die Gruppe den folgenden Abzählreim spricht:

Dich wollen wir jetzt sehen.
Du darfst auf den Baumstamm gehen!

Das ausgezählte Kind darf sich auf den Baumstamm stellen. Dann wiederholen alle den Abzählreim, um ein zweites Kind zu ermitteln, das sich ebenfalls auf den Baumstamm stellen darf. Die übrigen Kinder bilden einen Halbkreis um den Stamm und erhalten jeweils zwei Stöcke. Nun schaltet die Spielleitung die Tanzmusik ein. Die beiden Kinder auf dem Baumstamm balancieren und führen kleine Kunststücke vor. Sie stehen auf einem Bein, machen einen Luftsprung, gehen in die Knie oder wechseln die Plätze, während die anderen Kinder im Takt der Musik auf ihre Stöcke schlagen. Wird die Pausentaste am CD-Player gedrückt, werden zwei andere Kinder ausgezählt, die auf den Baumstamm steigen dürfen.

Tanzen wie Frau Kastanie!

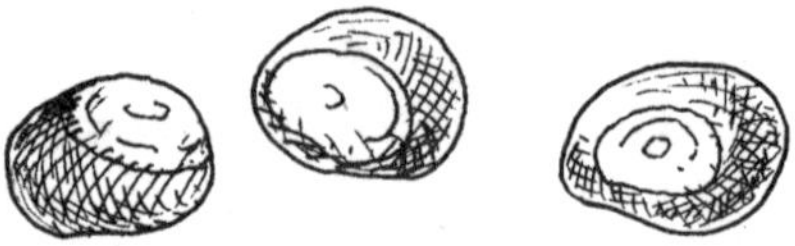

- **Spieler/innen:** ab 5 Kinder
- **Material:** für jedes Kind ein anderes Naturmaterial, Tanzmusik

Alle Kinder erhalten ein anderes Naturmaterialien und bilden einen Kreis. Die Spielleitung benennt einen der Gegenstände mit dem Reim:

> *Frau Kastanie* tanzt vor und dreht sich im Kreis.
> Das kann sie gut, wie jeder weiß!

Das betreffende Kind hebt seine Kastanie in die Luft und gibt sich zu erkennen. Erklingt die Tanzmusik, gibt es die Tanzschritte vor, die alle übrigen Kinder nachmachen. Das geht so lange, bis die Spielleitung die Pausentaste am CD-Player drückt. Nun darf *Frau Kastanie* das Spiel fortsetzen und benennt mit dem gleichen Reim den nächsten Tänzer. Erst wenn alle Kinder ihr Naturmaterial zeigen und vortanzen konnten, ist das Spiel beendet.

Die Reise zu den Pflanzenblättern

- **Spieler/innen:** ab 12 Kinder
- **Material für 12 Kinder:** 10 große Pflanzenblätter, 10 dicke kurze Stöcke, flotte Tanzmusik

Das folgende Spiel verläuft ähnlich wie die alt bekannte »Reise nach Jerusalem«. Doch diesmal werden statt der Stühle große Pflanzenblätter in einer Reihe so auf dem Boden ausgelegt, dass die Kinder gut zwischen den Blättern hindurchlaufen können. Außerdem gibt es bei diesem Spiel zwei Blätter weniger als mitspielende Kinder.
Die Kinder spielen kleine Marienkäfer. Zum Rhythmus der Musik fliegen sie so lange um die Pflanzenblätter herum, bis die Spielleitung die Pausentaste des CD-Players drückt. Alle Kinder versuchen, möglichst schnell auf ein freies Pflanzenblatt zu gelangen. Die beiden Kinder, die kein Blatt finden konnten, nehmen das erste und letzte Pflanzenblatt

aus der Reihe weg, sodass auch in der nächsten Spielrunde wieder zwei Kinder ausscheiden. Sie selbst gehen zur Spielleitung und erhalten jeweils zwei dicke kurze Stöcke, mit denen sie die Melodie rhythmisch begleiten. Auf diese Weise entsteht bald ein großes Orchester!

Wie viele Fische sind im Wasser?

- **Spieler/innen:** ab 6 Kinder
- **Material:** Kieselsteine, 1 große Schüssel halb gefüllt mit Wasser

Alle Kinder spielen Fische und tun so, als ob sie im See schwimmen würden. Die Fische sind ganz leise und gehen auf Zehenspitzen umher, bis die Spielleitung ein Kieselsteinchen nach dem anderen ins Wasser fallen lässt. Die Kinder zählen aufmerksam mit. Danach dürfen sich so viele Fische zusammenfinden und einen Schwarm bilden, wie Steinchen ins Wasser gefallen sind. Sobald die Spielleitung mit der flachen Hand im Wasser herumplätschert, beginnt das Spiel von vorn.

Wie klingt das Echo?

- **Spieler/innen:** ab 5 Kinder
- **Material:** für jedes Kind 2 kurze, dicke Stöcke

Die Kinder bilden einen Kreis und erhalten jeweils zwei dicke kurze Stöcke. Die Spielleitung wählt ein Kind aus, das in den Innenkreis geht

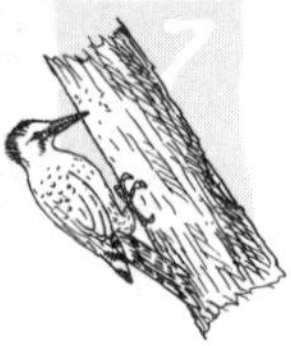

und einen kurzen Rhythmus mit seinen Stöcken vorgibt. Die anderen Kinder hören aufmerksam zu. Dann wiederholen sie den Rhythmus, während das Kind im Innenkreis dazu herumgeht. Sobald der Rhythmus beendet ist, wendet sich das Kind im Innenkreis demjenigen Kind zu, das sich direkt neben ihm befindet. Die beiden Kinder tauschen ihre Plätze miteinander und ein neues Spiel beginnt.

Das Klopfen des Spechts

- **Spieler/innen:** ab 8 Kinder
- **Material:** 1 Baum oder 1 Stück Baumrinde, 1 kurzer, dicker Stock

Ein Kind klopft rhythmisch mit einem Stock gegen einen Baumstamm und spielt einen Specht. Alle anderen Kinder gehen im Takt des Trommelspiels auf dem Spielfeld umher. Irgendwann jedoch hört der Specht zu klopfen auf. Sofort bleiben alle Kinder stehen und verharren stumm in ihrer angefangenen Bewegung. Wer sich bewegt oder einen Laut von sich gibt, scheidet aus und unterstützt den Specht beim Beobachten der Kinder. Sind nur noch zwei oder drei Kinder übrig, ruft der Specht ihre Namen. Die gerufenen Kinder laufen schnellstmöglich zum Specht und versuchen, ihn zu berühren. Auf diese Weise wird ein neuer Specht gefunden, der im nächsten Spiel den Ton angibt.

Tan-nen-na-del oder Ei-chen-blatt

- **Spieler/innen:** ab 1 Kind
- **Material:** 1 Stück Rinde, 1 kurzer, dicker Stock, für jedes Kind 2 Vogelfedern

Alle Kinder spielen Vögel und erhalten für jede Hand eine Vogelfeder. Sie breiten ihre Arme zur Seite aus und tun so, als ob sie fliegen würden. Das Flugtempo bestimmt die Spielleitung, indem sie mit ihrem Stock auf ein Stück Rinde trommelt. Stoppt das Trommelspiel ruft die Spielleitung ein Kind auf, das ein beliebiges Naturmaterial benennt. Die Kinder wiederholen das Wort, indem sie zu den einzelnen Silben ihre Arme wie Flügel auf und ab bewegen. Danach setzt das Trommelspiel wieder ein und die Kinder bewegen sich rhythmisch, als würden sie umherfliegen.

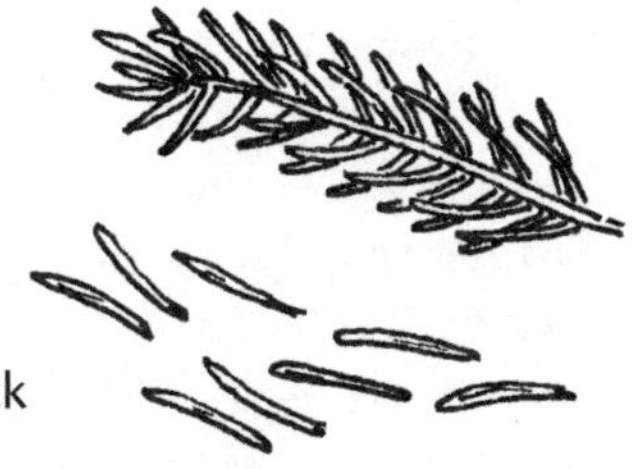

Wo sitzt der Specht?

- **Spieler/innen:** ab 3 Kinder
- **Material:** 1 Baum, 1 kurzer, dicker Stock

Einige nicht soweit voneinander entfernt stehende Bäume bieten sich für das folgende Spiel geradezu an, bei dem es um das Richtungshören geht.

Die Kinder stehen im Kreis und bestimmen ein Kind, das als Erstes den Specht spielen darf. Sobald der ausgewählte Specht von der Spielleitung einen dicken Stock überreicht bekommen hat, bittet er alle Kinder sich in eine Reihe zu stellen und die Augen zu schließen. Dann klopft er mit seinem Stock gegen einen Baumstamm. Die Kinder müssen ihn mit geschlossenen Augen ausfindig machen und in seine Richtung zeigen. Erkennen sie, aus welcher Richtung die Klopfgeräusche kommen? Zur Kontrolle öffnen sie ihre Augen. Nun wählt der Specht eines der Kinder aus, das die Aufgabe erfüllen konnte. Das betreffende Kind spielt den neuen Specht.

Tiere aus Stein

- **Spieler/innen:** ab 4 Kinder
- **Material:** 2 Kieselsteine

In Bewegung kommen und gleichzeitig zuhören ist für viele Kinder gar nicht so einfach. Doch diese Fähigkeit lässt sich üben, indem die Kinder in Tierrollen schlüpfen.

Ein Kind spielt den Steinmetz und sucht zwei Kieselsteine. Alle übrigen Kinder bilden eine Reihe. Etwa vier bis fünf Meter von der Gruppe entfernt stellt sich der Steinmetz auf. Die Kinder beginnen das Spiel, indem sie »Steinmetz, welch es Tier wünschst du dir?« rufen. Antwortet der Steinmetz zum Beispiel »Ein Vogel!«, bewegen sich die Kinder so, als würden sie fliegen, und laufen in seine Richtung. Schlägt der Steinmetz jedoch seine beiden Steine dreimal gegeneinander, müssen die Kinder in der angefangenen Bewegung verharren. Kinder, die sich nach dem dritten Steinschlag noch bewegen, ruft der Steinmetz mit Namen auf. Sie bleiben in der nächsten Spielrunde wie versteinert stehen. Alle übrigen Kinder setzen das Spiel fort, indem sie den Steinmetz fragen, welche Tierart sie darstellen sollen. Auf diese Weise wird das Spiel weitergeführt, bis ein Kind neben dem Steinmetz steht und diesen ablöst.

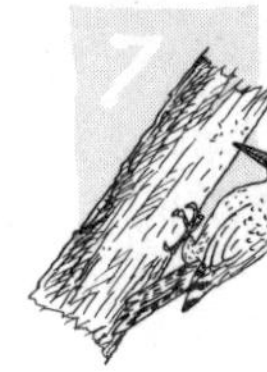

Wo bleibt der Igel stehen?

- **Spieler/innen:** ab 8 Kinder
- **Material:** viel Laub, einige Rechen, 1 Tüte Fruchtgummis

Die Kinder rechen das Laub im Hof zusammen, bis sie einen großen Laubhaufen erhalten. Um diesen herum stellen sie sich im Kreis auf. Ein Kind spielt den Igel und erhält ein Fruchtgummi, der einen Regenwurm darstellt. Alle anderen Kinder schließen ihre Augen und lauschen. Der Igel läuft kräftig raschend im Laubhaufen herum. Dann bleibt er vor einem Kind stehen, verspeist genüsslich seinen Regenwurm und macht dabei laute Schmatzgeräusche. Doch vor welchem Kind befindet sich der schmatzende Igel? Wird sich das betreffende Kind melden? Falls ja, werden die Rollen gewechselt. Ansonsten bekommt der Igel einen weiteren Regenwurm und darf sich einen neuen Futterplatz suchen.

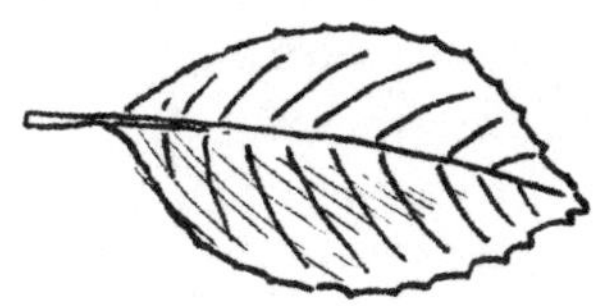

Geräusche-Versteckspiel

- **Spieler/innen:** ab 6 Kinder
- **Material:** 4 Steine, 4 kurze, dicke Stöcke, 4 große Blätter

Die Kinder zählen drei Kinder mit folgendem Abzählreim aus:

> Eins, zwei, drei Verstecke.
> Wer sitzt hinter der Hecke?

Jedes der ausgezählten Kinder erhält zwei Steine, zwei dicke kurze Stöcke oder zwei große Blätter, mit denen sie unterschiedliche Geräusche erzeugen und der Gruppe vorstellen. Während sich die drei Kinder mit

ihren Naturgegenständen auf dem Spielfeld verstecken, halten sich die übrigen Kinder ihre Augen zu. Die Spielleitung, die ebenfalls zwei Steine, zwei Stöcke und zwei große Blätter vor sich liegen hat, nimmt beispielsweise ihre beiden Blätter, reibt sie gegeneinander und legt sie dann zur Seite. Sie bittet die Kinder, ihre Augen zu öffnen und das Geräusch zu suchen. Auf ihr Kommando verlassen die Kinder ihr Versteck und machen sich auf die Suche nach dem Kind mit den Blättern. Wer als Erster das gesuchte Kind findet, hat gewonnen!

Silben-Natursuchspiel

- **Spieler/innen:** ab 3 Kinder
- **Material:** 1 Baumstumpf, 1 kurzer, dicker Stock, unterschiedliche Naturmaterialien

Ein Kind sucht sich einen kurzen, dicken Stock und setzt sich damit vor einen Baumstumpf. Es spielt das Trommelkind. Alle übrigen Kinder suchen sich ein Naturmaterial, das in der Gruppe nur einmal vorkommen darf. Sie bilden einen Kreis um den Baumstumpf, halten ihr Naturmaterial gut sichtbar in den Händen und richten ihren Blick auf das Trommelkind. Dieses schaut sich im Kreis um und benennt stumm eines der gezeigten Naturmaterialien, indem es für jede Silbe einmal mit seinem Stock auf den Baumstumpf schlägt. Wer von den Kindern hält wohl das gesuchte Naturmaterial in den Händen? Alle Kinder schauen sich im Kreis um und suchen das Kind, das sich nicht zu erkennen gibt. Wurde das betreffende Kind gefunden, darf es die Anzahl der getrommelten Silben benennen. Es löst das Trommelkind ab, das sein Naturmaterial erhält.

Spielvariante: Das Trommelkind nennt mit Stockschlägen die gesuchte Anzahl eines beliebigen Naturmaterials, das sich in der Nähe befindet. Die Kinder zählen die Silben des Wortes mit und machen sich sofort auf die Suche. Wer dem Trommelkind als Erster die richtige Anzahl des gesuchten Naturmaterials bringt, darf das Spiel mit einem neuen Naturmaterial wiederholen.

Haselnuss-Lauschspiel

- **Spieler/innen:** ab 5 Kinder
- **Material:** 3 bis 4 Haselnüsse

Bis auf ein Kind bilden alle Kinder einen Kreis. Sie knien sich auf den Boden, spielen Eichhörnchen und schließen ihre Augen. Das einzelne Kind spielt einen Haselnussstrauch. Es geht möglichst leise im Innenkreis herum, bleibt plötzlich stehen und lässt seine Haselnüsse auf den Boden fallen, denn der Wind rüttelt heftig an seinen Zweigen. Blitzschnell versuchen nun alle Eichhörnchen, eine Haselnuss zu ergattern, und krabbeln in die Kreismitte. Wer keine Haselnuss finden konnte, darf sein Glück in der nächsten Spielrunde versuchen.

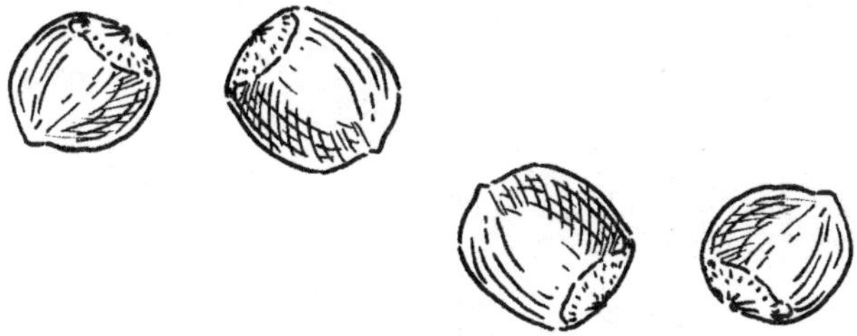

Auf der Wiese liegen und träumen

Kurze Fantasiereisen für draußen und drinnen

Kleine »Inseln der Ruhe« tun gut und machen stark für kommende Aufgaben. Im oftmals hektischen Alltag ist bereits der Aufenthalt im Wald oder auf einer Wiese Erholung pur und trägt zum Stressabbau bei. Auch Kinder genießen es, im weichen Gras zu liegen und die warme Sonne auf der Haut zu spüren. Bereitwillig lassen sie sich dabei auf eine Fantasiereise ein, die kindgerechte Entspannungsformeln enthält und Ideen aus der Unterstufe des Autogenen Trainings aufgreift. An kalten Tagen tauchen die Kinder gerne auch im angenehm temperierten Raum in die Fantasiereise ein. Voraussetzung hierfür ist jedoch, dass sie spielerisch in die Fantasiewelt geführt werden, indem sie die genannten Naturmaterialien zuvor selbst sammeln.
Und wie entspannen Kinder besonders gut? Für die Entspannungshaltung im Liegen ziehen die Kinder ihre Schuhe aus und legen sich auf dem Rücken auf eine faltbare Isomatte. Ihren Kopf legen auf ein bequemes Kissen. In dieser Position ist es sehr angenehm, die Arme leicht neben dem Oberkörper zu beugen, mit den Fersen den Boden zu berühren und dabei die Füße seitlich auseinander fallen zu lassen. Wer kann, sollte seine Augen schließen.
Liegen die Kinder bequem, beginnt die Spielleitung langsam, deutlich und mit gedämpfter Stimme eine Fantasiereise vorzulesen oder zu erzählen. Auf diese Weise können die Kinder das Gesagte sehr gut aufnehmen und sich in ihrer Fantasie vorstellen.

Der große Laubbaum am Waldrand

- **Material für die Spielvariante im Freien:** für jedes Kind 1 Vergrößerungsglas

Alle Kinder suchen sich einen großen Laubbaum am Waldrand aus. Sie berühren die Rinde, nehmen die Struktur bewusst wahr und umarmen den dicken Baumstamm. Sie untersuchen die Blätter und beschreiben die Eigenschaften. Durch das Vergrößerungsglas begutachten sie die kleinen Insekten, die sich auf dem Baumstamm aufhalten. Auch richten sie ihren Blick nach oben zur Baumkrone und überlegen, welche Größe der Baum wohl hat. Danach suchen sie sich einen freien Platz unter dem Baum, breiten ihre Matte aus und machen es sich bequem.

- **Material für die Spielvariante im Raum:** 1 großes Foto von einem Laubbaum, Blätter, Zweige und Rinde von diesem Baum

Die Kinder bilden einen Stuhlkreis. Zum Fühlen und Betrachten erhält jedes Kind ein Blatt, einen Zweig und ein Stück Baumrinde. Sobald alle Kinder die einzelnen Materialien abtasten konnten, hängt die Spielleitung ein großes Foto von dem dazugehörigen Laubbaum auf, das die Kinder in aller Ruhe begutachten können. Anschließend nimmt sich jedes Kind eine Matte und sucht sich einen Platz zum Hinlegen aus.

- **Material für Fantasiegeschichte:** für jedes Kind 1 Isomatte oder 1 Decke, 1 Kopfkissen

Stell dir vor, du bist ein großer und prächtiger Laubbaum, der sich direkt am Waldrand befindet. Du hast einen guten Stand, denn deine Wurzeln, die weit in die Erde reichen, geben dir viel Halt. Sie nehmen Wasser mit den lebensnotwendigen Mineralien aus der Erde auf. Dein Stamm transportiert das Wasser zu den durstigen Blättern. Er ist kräftig und hat so manchen Sturm überstanden. Er hat eine schützende Rinde mit Poren. Das ist deine Haut. Du fühlst dich wohl und bist ganz ruhig. Du atmest gleichmäßig und von ganz allein.

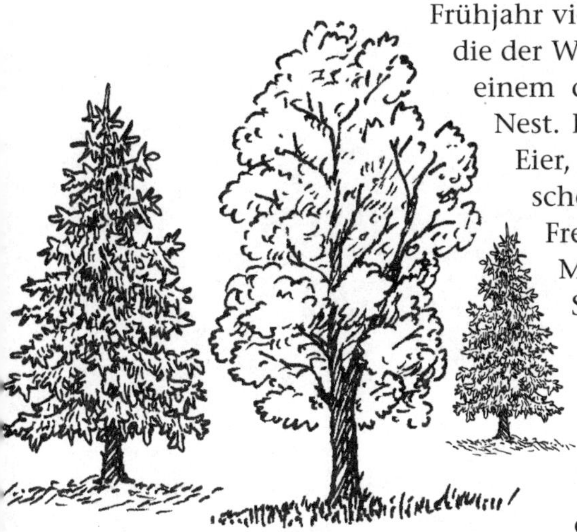

Deine Äste haben schöne Zweige und im Frühjahr viele zartgrüne Blätter und Blüten, die der Wind sanft hin und her wiegt. Auf einem deiner Äste baut ein Vogel ein Nest. Dort hinein legt der Vogel seine Eier, die er dann ausbrütet. Es ist schön, für andere da zu sein. Deine Freunde sind auch für dich da. Die Meise gehört zu deinen Freunden. Sie verspeist die gefräßigen Raupen, die von deinen Blättern naschen wollen und diese dadurch schädigen.
Im Sommer werden deine Blätter dunkelgrün. Sie versorgen dich mit wichtigen Nährstoffen und machen dich satt. Du genießt den blauen Himmel und hörst den Vögeln zu, die dir ein Ständchen bringen. Du lauschst dem Gesang der Vögel und spürst tief in dir die Stille. Du bist ganz ruhig und atmest ein und aus, ein und aus. Du atmest gleichmäßig und von ganz allein.
Im Herbst werden deine Blätter bunt. Der Wind trägt sie nacheinander fort. Sie schweben sanft auf die Erde herab und bleiben auf dem Boden liegen. Ein kleiner Igel freut sich über das liegen gebliebene Laub, das sich gut für sein Winterquartier eignet. Es ist ein gutes Gefühl, ein Teil des Waldes zu sein und gebraucht zu werden. Das macht dich stolz und glücklich. Du schaust dir alles um dich herum genau an und bist ganz ruhig. Dein Atem geht ein und aus, ein und aus. Du atmest gleichmäßig und von ganz allein.
Im Winter sind deine Äste kahl und die Schneeflocken schweben leise vom Himmel herab. Die schneebedeckte Erde sieht wunderschön aus. Alles ist so friedlich und still. Diese Ruhe ist auch in dir. Du fühlst dich wohl und schöpfst neue Kraft. Wenn du genügend Kraft geschöpft hast, kehrst du langsam wieder zurück. Du öffnest deine Augen, ballst deine Hände zu Fäusten und reckst dich. Du stehst langsam über die Seitenlage auf und streckst deine Arme in die Luft. Jetzt rufst du ganz laut: »Ich bin so stark wie ein Baum!«.

Wiesenbett

- **Material für die Spielvariante im Freien:** für jedes Kind 1 Isomatte

Auf einer Blumenwiese betrachten die Kinder ausgiebig die Gänseblümchen und Schlüsselblumen. Sie riechen an ihren Blüten. Sie suchen die größte und die kleinste Blume. Sie beschreiben ihr Aussehen. Sie beobachten die Käfer und Insekten auf der Wiese und suchen sich einen Platz zum Hinlegen.

- **Material für die Spielvariante im Raum:** 1 Gänseblümchen, 1 Löwenzahn, 1 Schlüsselblume, 1 Handtrommel, 1 Poster mit einer Wiese

Die Spielleitung verteilt die Wiesenblumen auf dem Boden und bittet die Kinder, diese aufmerksam zu betrachten. Nach einiger Zeit gibt sie mit der Handtrommel einen Rhythmus vor. Die Kinder gehen zu diesem Rhythmus im Raum umher, bis das Trommelspiel verstummt. Die Spielleitung beschreibt eine der ausliegenden Blumen, zu welcher die Kinder laufen. Stehen alle Kinder vor der gesuchten Blume, wird das Spiel wiederholt. Nach ein paar Durchgängen hängt die Spielleitung das Poster mit der Blumenwiese auf. Die Kinder sehen sich das Motiv in aller Ruhe an. Nach einiger Zeit nehmen sie ihre Matte und machen es sich darauf bequem.

- **Material für Fantasiegeschichte:** für jedes Kind 1 Isomatte oder 1 Decke, 1 Kopfkissen

Du liegst auf einer schönen Blumenwiese. Das grüne Gras ist weich und sehr angenehm auf der Haut. Die warmen Sonnenstrahlen streicheln

sanft deinen Bauch und tun gut. Du fühlst dich so wohl und geborgen, als wärst du in deinem Bett.
Du schaust in den Himmel und kneifst deine Augen ein wenig zusammen. Jetzt kannst du ein paar flockige Wolken entdecken, die wie Blumenkohl aussehen. Langsam ziehen die Wolken am Himmel vorüber. Du bist ganz ruhig. Dein Atem geht ein und aus, ein und aus. Du atmest gleichmäßig und von ganz allein.
Nun kannst du einen Zitronenfalter entdecken, der in der Luft herumflattert. Du möchtest gerne wissen, wohin der gelbe Schmetterling fliegt, und schaust ihm hinterher. Du beobachtest wie er in Richtung einer Blume fliegt und sich behutsam auf der Blume niederlässt. Auch du spürst die Stille in dir und fühlst dich wohl. Du bist ganz ruhig und atmest ein und aus, ein und aus. Du atmest gleichmäßig und von ganz allein.

Ein leichter Wind kommt auf. Sanft wiegt er die Blumen auf der Wiese hin und her. Du fühlst dich sicher und geborgen auf der Wiese. Du genießt die leichte Brise, die sich angenehm auf deiner Haut anfühlt. Du bist ganz ruhig. Dein Atem geht ein und aus, ein und aus. Du amtest gleichmäßig und von ganz allein.
Dir gefallen die vielen farbenprächtigen Blumen, die von bunten Schmetterlingen, summenden Bienen und flinken Käfern besucht werden. Du betrachtest einen kleinen Marienkäfer, der sich auf einem Pflanzenblatt ausruht und die Stille genießt. Auch du fühlst die Stille um dich herum. Sie gibt dir viel Kraft. Deshalb bleibst du noch ein wenig auf der Wiese liegen und ruhst dich aus.
Nun fühlst du dich innerlich stark und kehrst langsam wieder zurück. Du öffnest deine Augen, ballst deine Hände zu Fäusten und reckst dich. Langsam stehst du über die Seitenlage auf, streckst deine Arme in den Himmel und rufst laut: »Ich bin so frisch wie eine Blumenwiese!«

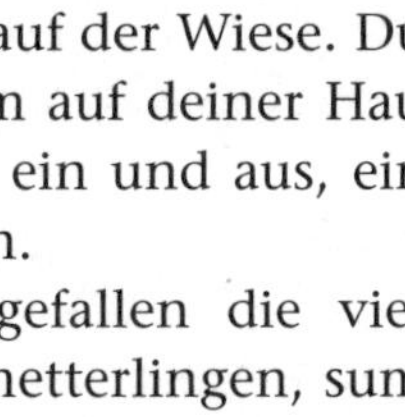

Frühlingsfarben im Wald

Farben haben einen Einfluss auf unser Wohlbefinden, unser Verhalten und sprechen unsere Gefühle an. Die Farbe Rot steigert die Vitalität. Gelb und Orange stehen für Lebenskraft und Freude. Blau entspannt und Braun bedeutet Erdverbundenheit. Grün steht für Ausgeglichenheit und Hoffnung. Kein Wunder, dass ein Waldspaziergang im grünen Wald besonders gut tut! Und wenn im Frühling die Natur zu neuem Leben erwacht und alles farbenfroh leuchtet, macht eine Farben-Entdeckungsreise im Wald besonders viel Spaß!

- **Material für die Spielvariante im Freien:** für jedes Kind 1 Isomatte

Im Frühjahr machen die Kinder einen Spaziergang im grünen Wald und bleiben immer wieder stehen, um die gelben Zitronenfalter und die weißen Blüten der duftenden Maiglöckchen zu bewundern. Sie begutachten auch die Farben der Beeren und Pilze, die sie jedoch nicht anfassen. Sie unterscheiden zwischen den warmen Farben wie Gelb, Orange und Rot und den kalten Farben wie Grün, Blau und Violett. Sie suchen sich eine Farbe aus, die ihnen besonders gut gefällt. Danach legen sich mit dem Rücken auf ihre Matte und machen es sich bequem.

- **Material für die Spielvariante im Raum:** Moos, Baumrinde, Pflanzenblätter, Hagebutten, Waldblumen, 1 CD mit Waldgeräuschen

Auf dem Boden verteilt die Spielleitung ein wenig Moos, ein Stück Baumrinde, Pflanzenblätter und Hagebutten. Die Spielleitung lädt die Kinder zu einem »Waldspaziergang« ein und lässt eine CD mit Waldgeräuschen ablaufen. Sie bittet die Kinder, auf die Farben der einzelnen Naturmaterialien zu achten und immer wieder stehen zu bleiben, um die einzelnen Naturmaterialien genauer in Augenschein zu nehmen. Ähnlich wie bei der Durchführung im Freien unterscheiden die Kinder zwischen warmen und kalten Farben. Wer möchte, darf zudem seine Lieblingsfarbe preisgeben. Danach nimmt jedes Kind seine Isomatte und sucht sich einen schönen Platz im Raum. Dort breitet es seine Matte aus und legt sich entspannt darauf.

- **Material für Fantasiegeschichte:** für jedes Kind 1 Isomatte oder 1 Decke, 1 Kopfkissen

Es ist Frühling und du gehst am grünen Waldrand spazieren. Du bleibst stehen und lauschst dem Gesang eines kleinen Rotkehlchens und einer zierlichen Blaumeise. Langsam gehst du in den grünen Wald. Dort hörst du ein schnelles Trommeln. Du bleibst stehen und richtest deinen Blick nach oben. Du beobachtest wie ein Buntspecht mit seinem harten Schnabel gegen einen braunen Ast hämmert. Das Trommeln des Buntspechts ist ein angenehmes Geräusch. Du fühlst dich wohl und bist ganz ruhig. Dein Atem geht ein und aus, ein und aus. Du atmest gleichmäßig und von ganz allein.
Du gehst ein Stück weiter und bleibst stehen. Du schaust nach oben und erkennst auf einer braunen Astgabel ein Vogelnest aus grünen Grashalmen, gelben Strohhalmen und grünem Moos. In dem Nest liegen die weißbläulich gefärbten und bräunlich gefleckten Vogeleier des Grünlings. Sie warten darauf, ausgebrütet zu werden.
Langsam gehst du weiter und beobachtest ein paar junge Rotfüchse beim Spielen vor ihrem braunen Erdbau. Du möchtest sie nicht stören und gehst weiter, bis du viele cremefarbene Pilze vor deinen Füßen entdeckst. Du weißt, dass nicht alle Pilze essbar sind und lässt sie deshalb an ihrem Platz stehen. Du schaust dir alles genau an.
Nach einiger Zeit gehst du gemütlich weiter. Du erfreust dich an dem blauen Himmel und genießt die gelbe Sonne, die zwischen den zartgrünen Blättern der Baumkronen hindurchscheint und dich wärmt. Du fühlst dich wohl und bist ganz ruhig. Dein Atem geht ein und aus, ein und aus. Du atmest gleichmäßig und von ganz allein.
Langsam verlässt du den grünen Wald und wanderst am grünen Waldrand entlang. Alles ist ruhig. Diese Ruhe ist auch in dir. Du gehst an den vielen gelben Schlüsselblumen vorüber, bis du zu einem braunen Feldweg gelangst. Du gehst weiter, bis du wieder zu Hause in deinem farbenfrohen Raum angekommen bist.
Du öffnest deine Augen, ballst deine Hände zu Fäusten, reckst dich ein wenig und stehst über die Seitenlage auf. Auf deinem Platz streckst du deine Arme in die Luft und rufst ganz laut: »Ich bin frisch und fröhlich wie der farbenfrohe Frühling!«.

Grün ist nicht gleich Grün!

In der Natur können die Kinder nicht nur viele Farben entdecken, sondern sich mit nur einer einzigen Farbe und ihren vielen verschiedenen Farbtönen beschäftigen. Insbesondere Grün kommt in der Natur sehr häufig vor und kann selbst bei einer einzigen Pflanze variieren. Für Kinder ist es eine tolle Erfahrung, sich mit der Farbe Grün bewusst auseinander zu setzen und den kleinen grünen Dingen der Natur auf die Spur zu kommen. Dabei werden sie sehr viele Grüntöne entdecken.

- **Material für die Spielvariante im Freien:** grüne Naturmaterialien aus dem Wald

Bei einem Waldspaziergang können die Kinder besonders viele Grüntöne entdecken. Spiele wie »Wer entdeckt ein besonders helles oder dunkles Grün?« fördern die Entdeckungsfreude und machen sensibel für die vielen Farben der Natur. Nachdem sich die Kinder mit der Farbe Grün beschäftigt haben, legen sie sich unter einem Baum auf ihre Matte.

- **Material für die Spielvariante im Raum:** für jedes Kind 1 Malkittel, 1 Bogen weißes Malpapier, gelbe und blaue Wasserfarbe, 1 Wasserbecher, grüne Naturmaterialien aus dem Wald

Die Kinder ziehen ihre Malkittel an und holen sich ein weißes Malpapier, jeweils gelbe und blaue Wasserfarben sowie einen mit Wasser gefüllten Becher. Sie setzen sich an einen Tisch und erhalten die Aufgabe, möglichst viele Grüntöne durch Mischen der beiden Wasserfarben herzustellen. Danach ziehen sie ihre Malkittel wieder aus und bilden einen Stuhlkreis. Sie vergleichen die Grüntöne der Naturgegenstände miteinander, welche die Spielleitung in die Kreismitte legt. Indem sie die Naturgegenstände nach Helligkeit und Tönung ordnen, lernen sie, die unterschiedlichen Grüntöne bewusst wahrzunehmen. Danach holen sie ihre Matte und legen sich auf den Boden.

- **Material für Fantasiegeschichte:** für jedes Kind 1 Isomatte oder 1 Decke, 1 Kopfkissen

Stell dir vor, du gehst im grünen Wald spazieren. Du siehst eine alte Buche, die auf dem tiefgrünen Waldboden steht. Ihre Rinde ist mit einer grünen Moosschicht überzogen. Ihre länglichen, eiförmigen, zugespitzten Blätter sind dunkelgrün. Du genießt die Grüntöne der Buche und bist ganz ruhig. Dein Atem geht ein und aus, ein und aus. Du atmest gleichmäßig und von ganz allein.
Du setzt deinen Spaziergang fort und schaust auf den Boden. Du entdeckst einen grasgrünen Laubfrosch, der auf ein gelbgrünes Pflanzenblatt klettert und sich von der Sonne verwöhnen lässt. Die warme Sonne tut auch dir gut. Du siehst wie die Sonnenstrahlen das Grün des Waldes zum Leuchten bringen. Du spürst, wie gut dir der grüne Wald tut. Du bist ganz ruhig und atmest ein und aus, ein und aus. Du atmest gleichmäßig und von ganz allein.
Langsam gehst du weiter und weiter. Du blickst in die Ferne und siehst, wie ein bläulichgrünes Polster den Waldboden bedeckt. Du nähest dich der Stelle und erkennst, dass es sich um Moos handelt. Du kniest dich auf den Waldboden und streichelst behutsam mit der flachen Hand über das halbkugelige, bläulichgrüne, weiche Polster. Du fühlst dich wohl und atmest ein und aus, ein und aus. Du atmest gleichmäßig und von ganz allein.
Du stehst in aller Ruhe auf und beschließt den Spaziergang fortzusetzen. Nun kommst du zu einem großen Ahornbaum. Seine Blätter mit den fünf Blattspitzen sind oben grün und unten hellgrün. Gut gefallen dir seine gelbgrünen Früchte, die wie ein Propeller aussehen. Unter der grünen Blattkrone des Ahornbaumes möchtest du dich ein Weilchen ausruhen. Du bist ganz ruhig. Dein Atem geht ein und aus, ein und aus. Du atmest gleichmäßig und von ganz allein.
Du bleibst einige Minuten liegen und schöpfst neue Kraft ... Nun fühlst du dich stark genug. Du kommst langsam wieder zurück und öffnest deine Augen. In aller Ruhe stehst du über die Seitenlage auf und stellst dich auf deinen Platz. Du reckst und streckst dich ausgiebig. Dabei rufst du laut: »Ich bin frisch wie ein grünes Pflanzenblatt!«.

Der Vogel

Material: für jedes Kind 2 Vogelfedern

Die Kinder sitzen im Kreis und erhalten jeweils eine Vogelfeder, die sie begutachten und abtasten. Sie beschreiben die Eigenschaften der Feder und zählen alle Vogelarten auf, die sie kennen. Sie besprechen, wie sich die Vögel fortbewegen und was sie fressen. Der Uhu frisst gerne Feldmäuse, Reiher bevorzugen Fische und Sperlinge mögen sowohl pflanzliche Nahrung wie auch Insekten. Die Kinder unterscheiden zwischen heimischen Vogelarten wie dem Sperling und exotischen Vogelarten wie dem Papagei. Sie überlegen, welche Vögel den Winter im Süden verbringen, und suchen sich ihren Lieblingsvogel aus. Dann breiten sie ihre Matte im Wald, auf einer Wiese oder im Raum aus und legen sich auf den Rücken. Sie warten ab, bis die Spielleitung ihnen eine zweite Vogelfeder auf den Handrücken oder in die Handfläche legt.

Material für Fantasiegeschichte: für jedes Kind 1 Isomatte oder 1 Decke, 1 Kopfkissen

In Gedanken ist alles möglich. Stell dir vor, du wärst ein großer prächtiger Vogel. Dein Gefieder ist weich und du siehst sehr hübsch aus. Besonders gerne bist du in den Wäldern. Hoch in der Luft fliegst du zwischen den vielen Nadel- und Laubbäumen umher. Du fühlst dich wohl und bist ganz ruhig. Dein Atem geht ein und aus, ein und aus. Du atmest gleichmäßig und von ganz allein.
Du fliegst immer weiter und schaust nach unten auf den Wald. Es ist ein herrlicher Tag und die Aussicht von hier oben ist wunderschön. Auf dem Waldboden kannst du das weiche Moos und die rotvioletten Blüten der Veilchen entdecken, die von hier oben winzigklein aussehen. Dann fliegst du über ein großes Wildgehege, in dem viele Rehe mit ihren Kitzen leben. Du bist ganz ruhig. Du fühlst dich wohl und bist zufrieden. Dein Atem geht ein und aus, ein und aus. Du atmest gleichmäßig und von ganz allein.

Langsam verlässt du den Wald und fliegst zu einer schönen Wiese. Dort weiden große, kräftige Kühe. Ein Kälbchen steht bei seiner Mutter und fühlt sich in ihrer Nähe sichtlich wohl. Von Ferne erkennst du deutlich die gelben Blütenköpfe der Kuhblumen, die auch Löwenzahn genannt werden. Langsam fliegst du weiter und entdeckst einen großen, starken Baum. Gerne möchtest du in seiner Baumkrone eine kleine Rast machen. Du fliegst zu dem Baum und setzt zum Landeanflug an.
Sanft landest du auf einem Ast und ruhst dich etwas aus. Die Sonne scheint angenehm warm auf dich herab. Du genießt die warmen Sonnenstrahlen, die dich zum Träumen einladen. Dabei erinnerst du dich an all die schönen Dinge, die du auf deinem Rundflug gesehen hast. Du fühlst dich wohl und bist ganz ruhig. Dein Atem geht ein und aus, ein und aus. Du atmest gleichmäßig und von ganz allein.
Wenn du dich genug ausgeruht hast, kehrst du langsam wieder zurück. Du öffnest deine Augen, ballst deine Hände zu Fäusten und reckst deine Arme in die Luft. Langsam stehst du über die Seitenlage auf. Du reckst und streckst dich nach Herzenslust. Dabei rufst du laut: »Ich bin so munter wie ein Vogel!«

Die Pusteblume

◆ **Material für Spielvariante im Freien:** eventuell Vergrößerungsgläser

Schon im Frühjahr gedeiht fast überall der Löwenzahn. Seine gelben Blüten verwandeln sich nach kurzer Zeit in runde Pusteblumen. Auf einer Wiese oder am Wegesrand halten die Kinder Ausschau nach Pusteblumen und schicken ihre kleinen Fallschirme auf die Reise, indem sie sich direkt vor eine Pusteblume auf den Boden knien und pusten. Sie beobachten, wie die Schirmchen auf die Erde schweben. Wenn sie genau hinschauen, entdecken sie an jedem Schirmchen eine kleine Frucht, aus der eine neue Löwenzahnpflanze entsteht. Danach sucht sich jedes Kind einen Platz zum Hinlegen aus.

- **Material für Spielvariante im Raum:** Pusteblumen, 1 Pinzette, eventuell 1 großes Foto von einer Pusteblume

Die Spielleitung teilt mithilfe einer Pinzette die kleinen Fallschirme einer Pusteblume aus, welche die Kinder durch ihre Lupe betrachten. Wie sieht der kleine Fallschirm aus? Was hängt an der silberglänzenden Haarkrone des Schirmchens? Was passiert, wenn das Schirmchen auf der Erde landet? Diese und andere Fragen versuchen die Kinder gemeinsam zu klären. Erst dann holen sie ihre Matten und suchen sich einen Platz zum Hinlegen aus.

- **Material für Fantasiegeschichte:** für jedes Kind 1 Isomatte oder 1 Decke, 1 Kopfkissen

Stell dir vor, du bist ein kleiner Fallschirm, der mit vielen anderen eine schöne runde Pusteblume bildet und auf einer Wiese steht. Du bist ein Teil der Blume und somit bedeutsam. Das macht dich stolz und erfüllt dich mit Freude. Gemeinsam mit den anderen Schirmchen genießt du den Sonnenaufgang. Es ist ein herrlicher Tag. Alles um dich herum sieht so friedlich und ruhig aus. Ruhe ist auch in dir. Dein Atem geht ein und aus, ein und aus. Du atmest gleichmäßig und von ganz allein.
Nach einer Weile weht ein leichter Wind. Du fühlst dich wohl und bist bereit, deine vertraute Umgebung zu verlassen. Gleich wirst du auf Reisen gehen. Du möchtest neue Wege beschreiten und freust dich auf das, was kommen wird. Und schon nimmt dich der nächste Windhauch mit. Behutsam trägt er dich fort. Langsam und gleichmäßig fliegst du über die Wiese. Unter dir siehst du die vielen Blumen, Käfer und Insekten, die dir so vertraut sind. Du betrachtest sie ganz genau. Du fühlst dich wohl und bist ganz ruhig. Dein Atem geht ein und aus, ein und aus. Du atmest gleichmäßig und von ganz allein.
Gemütlich fliegst du über die Wiese. Und während du so deinen Blick nach oben schweifen lässt, entdeckst du die dichte Blätterkrone eines großen, alten Baumes, die der Wind sanft hin und her wiegt. Dir gefällt, was du siehst. Du spürst die Kraft des Baumes, die auch tief in dir ist.
Du fliegst weiter und schaust nach unten auf die Wiese. Du beobachtest eine Biene, die Nektar bei einer Blume sammelt. Gerne möchtest auch

du für all die vielen kleinen Insekten und all die anderen Tiere nützlich sein. Deshalb beschließt du, zum Landeanflug anzusetzen. Der Wind trägt dich sanft auf die Wiese und setzt dich behutsam ab. Du fühlst dich wohl und atmest ein und aus, ein und aus. Du atmest gleichmäßig und von ganz allein.
Alles ist so friedlich und ruhig um dich herum. Auch in dir ist Ruhe. Und wie du so im Gras liegst und dich ausruhst, freust du dich darauf, ein Löwenzahn zu werden.
Wenn du dich genug ausgeruht hast, kommst du wieder zurück und öffnest deine Augen. Du ballst deine Hände zu Fäusten, reckst und streckst dich. Nun stehst du langsam über die Seitelange auf, streckst deine Arme weit nach oben aus und rufst laut: »Ich bin frisch wie ein junger Löwenzahn!«.

Lauschen auf der Wiese

- **Material für Spielvariante im Freien:** für jedes Kind 1 Kissen

Die Kinder suchen sich einen Platz auf der Wiese und schließen ihre Augen. In aller Ruhe versuchen sie, die natürlichen Geräusche, die auf der Wiese zu hören sind, bewusst wahrzunehmen. Nach einer Weile öffnen sie ihre Augen und zählen nacheinander auf, was sie gehört haben. Anschließend nennt die Spielleitung verschiedene Tiere, von denen einige auf der Wiese zu finden sind und andere nicht. Sobald die Kinder glauben, dass es sich um ein Tier auf der Wiese handelt, heben sie ihre Hand. Anschließend holen die Kinder ihre Matte und legen sich auf die Wiese.

- **Material für die Spielvariante im Raum:** Löwenzahn, Wiesenklee, Schlüsselblumen, Gras

Die Kinder sitzen im Kreis. In der Mitte liegen Löwenzahn, Wiesenklee, Schlüsselblumen und ein wenig Gras. Ein Kind tritt in die Kreismitte und spielt eine Biene, die vergnügt auf der Wiese summt und sich eine Blume sucht. Es ruft ein weiteres Kind auf, das nun das dargestellte Insekt erraten darf. Hat es die richtige Antwort genannt, tauschen die beiden Kinder ihre Plätze. Das neue Kind in der Kreismitte stellt ein weiteres Wiesentier vor, indem es zum Beispiel wie ein Laubfrosch auf der Wiese herumhüpft und quakt. Nach ein paar Durchgängen darf jedes Kind seine Matte holen und sich hinlegen.

◆ **Material für Fantasiegeschichte:** für jedes Kind 1 Isomatte oder 1 Decke, 1 Kopfkissen

Es ist ein wunderschöner Tag. Der Himmel ist blau und die Sonne scheint angenehm warm auf dich herab. Du machst einen Spaziergang auf der Wiese und spürst das weiche Gras unter deinen Füßen. Es fühlt sich sehr angenehm an. Um dich herum stehen viele farbenprächtige Blumen, die dich erfreuen. Du fühlst dich wohl und bist ganz ruhig. Dein Atem geht ein und aus, ein und aus. Du atmest gleichmäßig und von ganz allein.
Nach einer Weile bleibst du stehen und lauscht aufmerksam den Geräuschen der Wiese. Du hörst, wie der Wind das Gras und die Blumen gleichmäßig hin und her wiegt. Das leise Rauschen des Windes ist ein angenehmes Geräusch. Der Wind bläst dir sanft ins Gesicht. Du fühlst dich wohl und bist ganz ruhig. Dein Atem geht ein und aus, ein und aus. Du atmest gleichmäßig und von ganz allein.
Du gehst weiter und beobachtest, wie eine Biene zu einem Gänseblümchen fliegt. Sie setzt sich auf die gelbe Blüte und sammelt fleißig den Blütennektar ein. Danach fliegt sie weiter zu ihrem Bienenstock. Du kannst das Summen der Biene hören, das immer leiser klingt. Du bist ganz ruhig und atmest ein und aus, ein und aus. Du atmest gleichmäßig und von ganz allein.
Dann setzt du deinen Spaziergang auf der Wiese fort, bis du im Gras etwas rascheln hörst. Es ist eine Katze, die nach einer Maus Ausschau hält. Ihr weiches Fell glänzt in der Sonne und sieht sehr hübsch aus. Du gehst langsam auf die Katze zu. Vorsichtig streichelst du ihr weiches Fell, das sich sehr angenehm anfühlt. Du spürst, wie gut dir das tut. Du fühlst dich wohl und bist ganz ruhig. Dein Atem geht ein und aus, ein

und aus. Du atmest gleichmäßig und von ganz allein.
Nach einer Weile machst du dich wieder auf den Weg und gehst nach Hause zurück. Du spürst das weiche Gras unter deinen Füßen und erinnerst dich an das sanfte Rauschen des Windes *(kurze Pause)*, an das leise Summen der Biene *(kurze Pause)* und das zaghafte Rascheln der Katze im Gras. Wenn du wieder zu Hause angekommen bist, öffnest du deine Augen und ballst deine Hände zu Fäusten. Du stehst langsam über die Seitenlage auf. Dann streckst du deine Arme in die Luft und rufst laut: »Ich bin munter und fröhlich!«.

Das kleine Gänseblümchen

- **Material:** für jedes Kind 1 Gänseblümchen, 1 DIN A-Bogen hellgrüner Tonkarton, je 1 gelber, grüner, weißer und schwarzer Buntstift

Die Kinder setzen sich um ein Gänseblümchen herum, tasten es behutsam ab und riechen an seiner Blüte. Dann erhält jedes Kind einen DIN A4-Bogen hellgrünen Tonkarton und Buntstifte, um das Pflänzchen zu malen. Erst wenn alle Kinder ihr Bild fertig gestellt haben, holen sie ihre Matte und machen es sich auf der Wiese gemütlich.

- **Material für Fantasiegeschichte:** für jedes Kind 1 Isomatte oder 1 Decke, 1 Kopfkissen

Stell dir vor, du bist ein Gänseblümchen und stehst auf einer Wiese. Du hast eine gelbe Blüte und einen weißen Blütenkranz. Du bist eine bekannte einheimische Blume und siehst sehr hübsch aus. Augenblümchen, Maßliebchen und Tausendschön, das sind nur einige deiner vielen Namen. Trotz deines weichen kurzen Stängels hast du einen guten Stand. Denn deine Wurzeln sind in der Erde. Sie geben dir Halt und Sicherheit. Du fühlst dich wohl und genießt die Stille, die auch in dir ist. Dein Atem geht ruhig ein und aus, ein und aus. Du atmest gleichmäßig und von ganz allein.
Es ist ein herrlicher Tag. Am Himmel sind fast keine Wolken zu sehen. Die Sonne scheint und zeigt sich von ihrer schönsten Seite. Du magst

die Sonne, die angenehm warm vom Himmel auf dich herabscheint. Gerne drehst du dich in Richtung der Sonne und lässt dich von den wohltuenden Sonnenstrahlen verwöhnen. Du genießt die Sonnenstrahlen und bist ganz ruhig. Du atmest ein und aus, ein und aus. Du bist ganz ruhig. Du atmest gleichmäßig und von ganz allein.

Von weitem hörst du eine fleißige Biene summen. Sie mag dich sehr und kommt dich besuchen. Sie setzt sich behutsam auf deine Blüte, um ein wenig von deinem köstlichen Blütennektar zu holen. Gerne gibst du ihr davon etwas ab. Die Biene bedankt sich bei dir und fliegt zu ihrem Bienenstock. Du fühlst dich wohl und bist ganz ruhig. Dein Atem geht ein und aus, ein und aus. Du atmest gleichmäßig und von ganz allein.

Allmählich beginnt es zu dämmern. Die rote Abendsonne leuchtet am Himmel und sieht wunderschön aus. Du schließt dein Blütenkörbchen und legst dich zur Ruhe. Du bist ganz ruhig und spürst die Stille in dir. Und aus dieser Stille schöpfst du neue Kraft. Sie tut dir gut und macht dich stark.

Und dann geht langsam die Sonne wieder auf. Du kehrst wieder zurück und öffnest deine Augen. Du ballst deine Hände zu Fäusten, reckst und streckst dich. Du stehst langsam über die Seitenlage auf und bleibst stehen. Du reckst deine Arme in die Luft und rufst ganz laut: »Ich bin so frisch wie ein Gänseblümchen!«.

Weiterführende Rezeptideen

Frisch gepflückte Gänseblümchen schmecken lecker und sind gesund – natürlich nur, wenn sie direkt von der naturbelassenen Wiese kommen. Gänseblümchen sind reich an Vitamin C. Sie enthalten wertvolle Mineralstoffe wie Magnesium, Kalzium und Kalium.

Butterbrot mit Gänseblümchen

- **Zutaten:** Brot, Butter, Gänseblümchen

Blütenköpfe und Blätter von den Gänseblümchen abzupfen, zum Reinigen unter fließendes kaltes Wasser halten und behutsam mit Haushaltspapier abtupfen. Anschließend die Brotscheiben mit Butter bestreichen. Darauf die Blüten und Blätter verteilen.

Salat garniert mit Gänseblümchenblüten

- **Zutaten für 8 bis 12 Portionen:** 1 Schüssel voll Feldsalat, 1 Hand voll Gänseblümchen, 1 Hand voll Löwenzahn, 300 Gramm Champions, 4 hart gekochte Eier

Den Feldsalat verlesen, waschen und im Sieb abtropfen lassen. Die Löwenzahnblätter vom Blumenstiel entfernen, waschen und trocknen. Dann in grobe Streifen schneiden und mit dem Salat in eine große Schüssel geben. Die Champions in Scheiben schneiden. Die Eier würfeln. Alles unter den Salat mischen. Die Blüten der Gänseblümchen entfernen, waschen und mit Haushaltspapier behutsam abtupfen.

- **Zutaten für die Vinaigrette:** 5 Esslöffel Sonnenblumenöl, 5 Esslöffel Obstessig, 50 Milliliter Gemüsebrühe, 1/2 Teelöffel Zucker, 1 Prise Salz und Pfeffer

Alle Zutaten verrühren. Diese Soße über den Salat geben und vermengen. Auf den Salat die Blüten der Gänseblümchen streuen, die dem Salat einen feinen nussartigen Geschmack verleihen.

9

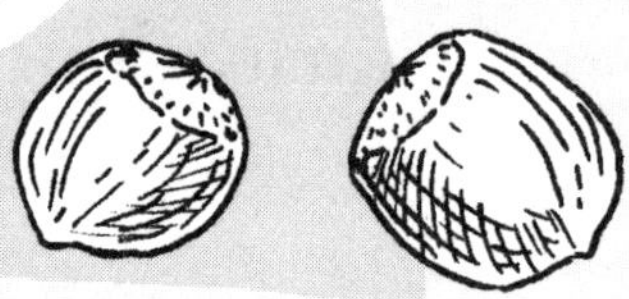

Rätsel wie Nüsse knacken

Rätselspaß zur Auflockerung und zum Abschluss

Jeder von uns hat sicherlich schon einmal über einem Rätsel gebrütet und sich unglaublich über die gefundene Lösung gefreut. Auch Kinder fühlen sich von Rätseln magisch angezogen, hören aufmerksam zu und können es kaum erwarten, ihre Lösung preisgeben zu dürfen. Voraussetzung für diesen Rätselspaß ist jedoch, dass die Rätsel nicht zu lang dauern und zu schwierig sind. Kurze und einfache Rätsel zum Mitsprechen erfreuen sich großer Beliebtheit und sind eine willkommene Abwechslung im Alltag. Sie können zwischendurch oder gezielt durchgeführt werden und sind keinesfalls an einem bestimmten Ort gebunden. Spannend und interessant vorgetragen, fesseln besonders Rätsel in Reimform Groß und Klein, Jung und Alt.
Damit jedoch nicht alle Kinder gleichzeitig ihre Antwort herausrufen, wird das Kind ausgezählt, das seine Lösung als Erstes mitteilen darf. Während die Spielleitung in der Kreismitte steht und bei jeder Silbe reihum auf die einzelnen Kinder deutet, sagt sie folgenden Abzählreim:

> Wir hören aufmerksam zu.
> Das Rätsel knacken, das darfst du!

Unabhängig davon, ob das Kind die richtige Antwort geben kann oder nicht, darf es die nächste Rätselrunde eröffnen, indem es in die Kreismitte geht und den Abzählreim wiederholt.

Heuschrecke

Ich springe gerne im grünen, weichen Gras.
Ich bin jedoch kein großer, dicker Feldhas'.
Ich bin grün und kann sehr laut singen.
Im Sommer hörst du mein hohes Zirpen erklingen.

Schnecke

Manche von uns haben ein schönes Haus.
Andere kommen auch ohne ein Haus aus.
Die im Meer Lebenden fressen Algen und Plankton.
Unabhängig davon, sagen wir alle keinen Ton.

Spinne

Im Freien sind viele von uns gern.
Vom Haus halten die Menschen uns fern.
Um etwas zu fangen, müssen wir Netze weben.
Auf diese Weise bleiben Insekten kleben.

Hornisse

Ich bin die größte Wespe und nicht häufig hier im Land.
Trotzdem steche ich selten in Kopf, Fuß und Hand.
Manchmal gelange ich zufällig in ein bewohntes Haus.
Fenster auf – und die rotbraune Wespe fliegt wieder raus!

Gras

Du findest mich in der Stadt und auf dem Land.
Ich bin grün, weich, angenehm und wohl bekannt.

Manchmal kannst du Tiere auf mir krabbeln sehen.
An warmen Tagen kannst du barfuß auf mir gehen.

Honigbiene

Wer kann das nur auf der Blumenwiese sein?
Wem schmeckt der Nektar der Blüten gar so fein?
Wer bestäubt die Blüten und kann Honig machen?
Dank dem fleißigen Insekt gibt es solche Sachen!

Baumrinde

Borkenkäfer kann ich überhaupt nicht leiden.
Ich hoffe stets, dass mich die Holzfresser meiden.
Durch meine Linien atmet der Baum und kann leben.
Eine Haut zu haben, ist eben ein richtiger Segen!

Nuss

Für viele Tiere bin ich ein begehrter Leckerbissen.
Das solltest du über mich auf jeden Fall wissen.
Ich bin lecker im Müsli und gut zur Winterszeit.
Weihnachtet es, findest du mich weit und breit.

Sand

Du kannst aus mir Burgen bauen und vieles mehr.
Das gefällt den Kindern am Strand und im Kasten sehr.
Rieseln kann ich zwischen den Fingern der Hand.
So ist eben der vielfältig einsetzbare weiche ...

Löwenzahn

Im Herbst bläst der Wind meine weißen Schirmchen fort.
Sie landen schließlich an dem einen oder anderen Ort.
Im Frühling sind meine gelben Blüten und grünen Blätter zu sehen.
Wo? – Du musst nur auf eine Wildwiese gehen.

Herbstblätter

Viele Laubbäume verlieren sie zur Herbstzeit.
Sie sind dünn, flach, bunt, schmal oder breit.
Auf dem Boden kannst du sie dann gut sehen.
Es raschelt etwas unter den Füßen beim Gehen.

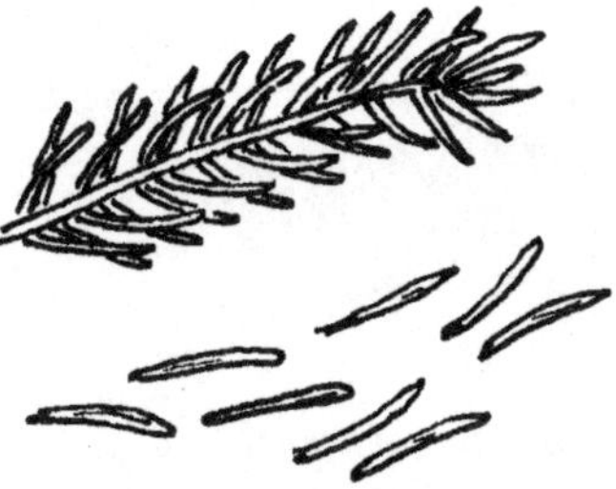

Tannennadeln

Wir sind harzig, dick, fest und gar nicht spitz.
Andere können jedoch stupfen – das ist kein Witz.
Selbst im Winter sind wir grün und sehen gut aus.
Der Tannenbaum sieht durch uns erst schön aus.

Efeu

Meine schwarzen Beeren sind giftig und ich werde sehr alt.
Ich blühe im Spätsommer und Herbst, danach wird es kalt.
Auf Waldböden, Bäumen und Mauern bin ich zu Haus'.
Ich bin eine bekannte Kletterpflanze und will hoch hinaus!

Eichhörnchen

Im Herbst sammle ich Eicheln und Nüsse im Wald.
Die Früchte vergrabe ich, denn es wird bald bitterkalt.
Im Winter ruhe ich mich im Nest auf einer Astgabel aus.
Zur Futtersuche komme ich ab und zu aus dem Nest heraus.

Fichtenzapfen

Wie Würstchen hängen wir von den Zweigen der Fichte herab.
Dadurch fällt der Schnee im Winter viel leichter von uns ab.
Unsere Samen mögen Vögel, Mäuse und Eichhörnchen sehr.
Sind wir abgeknabbert, sehen wir sehr mager aus und leer.

Maulwurf

Ich bin fast blind und unter der Erde zu Haus.
Mein samtiges Fell sieht schwarzbraun aus.
Grabe ich, werfe ich die überschüssige Erde heraus.
Das geschieht bei der Herstellung meines Baus.

Buntspecht

Wenn ich trommle, hämmere ich auf den Baum ein.
Mir schmecken die Insekten auf der Baumrinde fein.
Zapfen, Beeren, Samen, Borkenkäfer fresse ich gern.
Von Eulen und Mardern halte ich mich möglichst fern.

Igel

Meine Stacheln sind auf dem Rücken zu sehen.
Mit meinen vier kurzen Beinen kann ich gut gehen.
Bei Gefahr rolle ich mich zu einer Kugel ein.
Mir schmecken Insekten besonders lecker und fein.

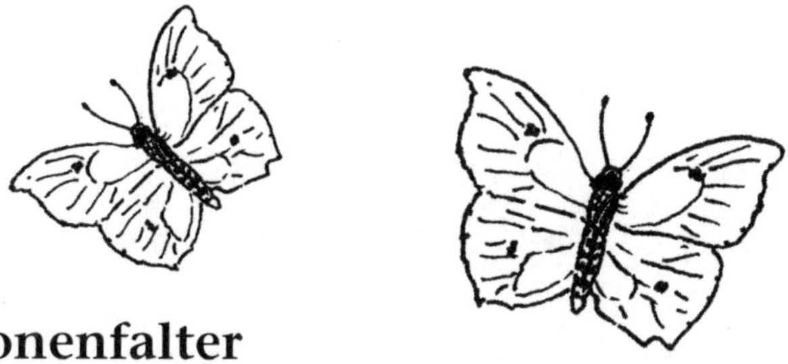

Zitronenfalter

Die Winterstarre verbringe ich an einem Ast.
Im Frühjahr mache ich auf Blumen gerne Rast.
Meine zitronengelben Flügel sehen sehr gut aus.
Vielleicht findest du die Schmetterlingsart heraus!

Glühwürmchen

Aus unseren Erdlöchern kommen wir erst nachts heraus.
Unser Lichtertanz bei Nacht sieht besonders schön aus.
Wir sind winzigkleine Würmchen und unser Licht ist kalt.
Wir fressen kaum etwas und sind gerne im dunkeln Wald.

Vogelnest

Aus verschiedenen Naturmaterialien bestehe ich.
An verschiedenen Standorten findest du mich.
In der Brutzeit darfst du mich keinesfalls anfassen.
Sonst werden dir die Vögel ihre Eier überlassen.

Fledermäuse

Wenn der Tag zu Ende geht, kommen sie heraus.
Sie sehen so ähnlich wie eine Waldmaus aus.
Im Flug fangen sie blitzschnell die Insekten ein.
Hängen sie kopfunter in der Höhle, schlafen sie fein.

Fuchs

Ich bin ein scheuer und behutsamer Wildhund.
Ich habe ein dichtes Fell und bin nicht bunt.
Früchte, Insekten und Hasen fresse ich gern.
Von Wohngebieten halte ich mich lieber fern.

Reh

Tagsüber sind wir selten im Wald zu sehen.
Wir wollen viel lieber nachts durch den Wald gehen.
Wir sind scheu, rotbraun und etwa ein Meter groß.
Bei Gefahr laufen wir so schnell wie möglich los!

Schneeglöckchen

Im Winter schlafe ich mich unter der Erde aus.
Im Frühling, wenn es wärmer wird, komme ich heraus.
Mein glockenförmiger Blütenkopf ist weiß wie Schnee.
Meine Laubblätter sind lang, schmal und grün wie Klee.

Saftkugler

Manchmal rollen wir uns zu einer Kugel ein.
Pflanzenreste schmecken uns besonders fein.
Wir sind gute Humuslieferanten und winzigklein.
Fällt dir jetzt der Name des Tausendfüßlers ein?

Laubfrosch

Ich bin der Kleinste meiner Art im Land.
Fängst du mich, springe ich von deiner Hand.
Ich bin meist grün und kann klettern und singen.
Soll ich dir jetzt ein kleines Ständchen bringen?
»Käkäkäkä!«

Baum

Groß, kräftig und prächtig sehe ich aus.
Ich gebe vielen Tieren ein gutes zuhaus.
Ich habe Äste, Zweige und Blätter.
Ich mag kein zu stürmisches Wetter.

Nachtigall

Mit dem Wort »Nacht« fängt mein Name an.
Du solltest wissen, dass ich schön singen kann.
Ich bin ein brauner Vogel und lebe gerne im Wald.
Im Winter ziehe ich nach Afrika, da ist es nicht kalt.

Vogeleier

In weichen Nestern kannst du uns entdecken.
Die Nester sind oftmals in Bäumen und Hecken.
Im Frühjahr brüten uns die Vögel in ihren Nestern aus.
Dann schlüpfen viele kleine, niedliche Vogelbabys aus.

Schmetterling

Zuerst bin ich eine hungrige Raupe, man glaubt es kaum.
Im Kokon verändere ich mich und habe einen Traum.
Springt der Kokon auf, komme ich endlich heraus.
Ich habe Flügel und sehe je nach Art verschieden aus.

Margeriten

Im Sommer kannst du uns meist massenhaft sehen.
Du brauchst nur auf eine Wildwiese zu gehen.
Wir sehen fast so ähnlich wie Gänseblümchen aus.
Allerdings kommen wir wesentlich größer heraus.

Hase

Ich grabe flache Mulden, schlage Haken und kann laufen.
Die Mulden brauche ich bei Gefahr und zum Verschnaufen.
Der Fuchs ist mein Feind und will mich Langohr gerne haben.
Karotten, Kräuter und Gräser sind sehr gut für meinen Magen.

Wenn die Herbstblätter sanft fallen

Spiele für den Abschied und die Vorfreude auf den nächsten Morgen

So schön, fröhlich und entspannt wie der Tag für alle Kinder angefangen hat, so sollte er auch enden! Für einen gelungenen Tagesabschluss eignen sich kleine Abschlussspiele, bei denen die Kinder aufeinander zugehen, sich gegenseitig in die Augen blicken und voneinander verabschieden. Bei Abschlussspielen geht es nicht darum, eine letzte große Spielrunde zu eröffnen. Ein kleines Spiel am Tagesende wirkt auf die meist müden oder unruhigen Kinder erfrischend und steigert ihre Vorfreude auf den nächsten Tag. Voraussetzung hierfür ist jedoch, dass sich alle Kinder ohne Zeitdruck auf das Spiel einlassen und als Teil der Gruppe erleben können. Geeignet sind hierfür kooperative Spiele, bei denen das gute Miteinander groß geschrieben wird. Im Gegensatz dazu verderben Abschiedsspiele mit Wettkampfcharakter, bei denen es ums Gewinnen oder Kräftemessen geht, so manchem Kind die gute Laune.
Und was tun, wenn die Kinder zu verschiedenen Zeiten abgeholt und aus der Gruppe entlassen werden? Abschlussspiele signalisieren das gemeinsame Ende, an dem alle Kinder teilhaben sollten. Somit ist es nicht entscheidend, dass diese unmittelbar vor Schließung der Einrichtung durchgeführt werden. Vielmehr sollten alle Kinder zu einem bestimmten Zeitpunkt am Tag – und zwar bevor das erste Kind die Einrichtung verlässt – die Möglichkeit erhalten, sich von der ganzen Gruppe zu verabschieden und sich miteinander auf den nächsten Tag zu freuen.

1, 2, 3. Auf Wiedersehen!

- **Material:** für jedes Kind 2 kurze, dicke Stöcke

Alle Kinder suchen sich zwei dicke kurze Stöcke, die sich als Trommelstöcke eignen. Während sie ihren gemeinsamen Abschiedsspruch sprechen, schlagen sie bei jeder Zahl auf ihre Stöcke.

> 1, 2, 3. Auf Wiedersehen!
> 4, 5, 6. Wir wollen gehen!
> 7, 8, 9 und 10. Bis morgen! Auf Wiedersehen!

Eine Blume zum Abschied

- **Spieler/innen:** ab 5 Kinder
- **Material:** 1 Blume

Die Kinder stehen im Kreis. Ein Kind erhält eine Blume, geht damit in den Innenkreis, bleibt stehen und verabschiedet sich mit dem Abzählreim:

> Auf Wiedersehen! Auf Wiedersehen!
> Du bekommst die Blume und darfst gehen!

Dabei deutet es bei jeder Silbe auf die einzelnen Kinder und übergibt die Blume dem Kind, bei dem der Vers endet. Dann holt es seine Jacke. Nun wiederholt das Kind, das die Blume erhalten hat, den Abzählreim und sich verabschiedet ebenso, indem es die Blume weiterreicht. Erst wenn alle Kinder die Blume in den Händen halten konnten, ist das Spiel beendet.

Spielvariation: Die Kinder reichen die Blume im Kreis herum und sagen dabei den Abschiedsspruch. Hat das Kind mit der Blume seinen Spruch beendet, darf es den Kreis verlassen und seine Jacke anziehen.

Erst sehen und dann gehen!

- **Spieler/innen:** 4 bis 8 Kinder
- **Material:** verschiedene Naturgegenstände

Auf dem Tisch liegen ein Kieselstein, ein Pflanzenblatt, ein Grashalm, eine Vogelbeere und weitere Naturgegenstände. Die Kinder setzen sich um den Tisch und warten gespannt ab, bis die Spielleitung folgenden Abschiedsspruch sagt:

> Viele Naturgegenstände sind auf dem Tisch zu sehen.
> Wer den Kieselstein schnappt, darf als Nächstes gehen!

Kaum hat die Spielleitung den Satz beendet, versuchen die Kinder schnellstmöglich mit der flachen Hand den Kieselstein zu berühren. Dasjenige Kind, unter dessen Hand sich der Kieselstein befindet, darf seine Jacke und seine Tasche holt. Das Spiel so lange weitergeführt, bis sich schließlich alle Kinder für den Heimweg fertig gemacht haben.

Abschiedswunschspiel

- **Spieler/innen:** ab 5 Kinder
- **Material:** 12 verschiedene Naturmaterialien, 1 einfarbiges Tuch

Auf ein einfarbiges Tuch legen die Kinder zwölf verschiedene Naturmaterialien. Während die Kinder die Naturmaterialien betrachten, beginnt die Spielleitung eines der Naturgegenmaterialien zu beschreiben. Dasjenige Kind, das als Erstes das gesuchte Naturmaterial benennt, darf sich eine Gangart aussuchen, indem es folgenden Reim sagt:

> Bevor wir auseinander gehen,
> möchte ich rückwärts gehen!

Das betreffende Kind geht rückwärts zu seiner Jacke und zieht diese an. Dann gehen alle zurück und ein neues Spiel beginnt. Alle anderen

Kinder setzen das Spiel auf die gleiche Art fort. Sie möchten beispielsweise:

- auf einem Bein hüpfen,
- seitwärts gehen,
- auf Zehenspitzen gehen,
- auf den Fußballen gehen,
- trampelnd gehen,
- schleichend gehen.

Goodbye und Güle güle!

- **Spieler/innen:** ab 4 Kinder
- **Material:** 1 Stück Rinde, 1 kurzer, dicker Stock

Für das folgende Spiel sollten sich die Kinder zunächst überlegen, was »Auf Wiedersehen!« in anderen Sprachen heißt. Hierbei können alle Kinder helfen, die mehrsprachig aufwachsen oder ein Abschiedswort aus ihrem letzten Urlaub im Ausland kennen.
Die Spielleitung gibt den Takt an, indem sie mit dem Stock rhythmisch gegen die Rinde klopft. Die Kinder gehen zum Rhythmus des Trommelspiels über das Spielfeld. Sobald das Trommelspiel aufhört, bleiben alle Kinder stehen und hören aufmerksam zu. Während nun die Spielleitung langsam das Abschiedswort »Ser-vus!« mit zwei Trommelschlägen ausspricht, zählen die Kinder die Anzahl der Silben mit und bilden Zweiergruppen. Sie verabschieden sich von ihrem Partner, indem sie sich die Hände geben und laut »Servus!« sagen. Danach setzt das Trommelspiel wieder ein und alle Kinder bewegen sich wie zuvor rhythmisch im Spielfeld, bis die Spielleitung ein Abschiedswort aus einem weiteren Land vorgibt, zum Beispiel aus

England:	*Bye! Bye bye! Goodbye!*
Frankreich:	*Au revoir!*
Spanien:	*Adiós! Hasta luego! Hasta la vista!*
Italien:	*Arrivederci ! Ciao!*

Portugal:	*Adeus!*
Türkei:	*Güle güle!*
Arabien:	*Ma assalaama!*

Wer steigt am Bahnhof aus?

- **Spieler/innen:** ab 5 Kinder
- **Material:** kurze, dicke Stöcke

Alle Kinder holen sich einen dicken kurzen Stock, nehmen ihn in die rechte Hand und stellen sich in einer Reihe auf. Sie halten ihren Stock mit der rechten Hand so, dass das hinter ihnen stehende Kind diesen greifen kann. Gleichzeitig halten sie mit der linken Hand den Stock des vor ihnen stehenden Kindes fest. Auf diese Weise entsteht eine Lok mit vielen Wagons. Das erste Kind der Lok spielt den Zugführer. Es bestimmt das Bewegungstempo und führt die Gruppe so lange an, bis die Spielleitung »Achtung, Bahnhof!« ruft und eine Zahl nennt. Sofort bleiben alle Kinder stehen und warten gespannt, welche Zahl angesagt wird. Ruft die Spielleitung »Fünf!«, beginnt der Zugführer mit »Eins!« zu zählen, danach folgt das zweite Kind mit »Zwei!« und so weiter. Das fünfte Kind jedoch ruft den Abschiedsspruch:

Ich steige aus und will zum Bahnhof gehen!
Bis zum nächsten Mal! Auf Wiedersehen!

Dann verlässt es mit seinem Stock die Schlange. Alle anderen Kinder setzen ihre Zugfahrt fort, bis nur noch der Zugführer übrig bleibt.

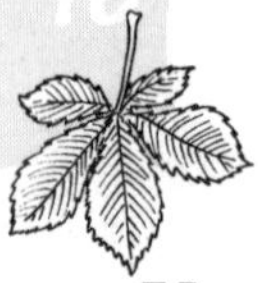

Unser Abschiedsbild

- **Spieler/innen:** ab 5 Kinder
- **Material:** 1 Baumscheibe, Kieselsteine

Alle Kinder bilden einen Kreis und erhalten einen Kieselstein. In der Kreismitte liegt eine Baumscheibe. Ein Kind beginnt, indem es seinen Kieselstein auf die Baumscheibe legt. Dann geht es auf ein beliebiges Kind zu und gibt diesem zum Abschied die Hand. Die beiden Kinder tauschen ihre Plätze, sodass das ausgewählte Kind seinen Kieselstein auf die Baumscheibe legen kann. Auf diese Weise wird das Spiel weitergeführt, bis alle Kieselsteine auf der Baumscheibe liegen. Die Kinder geben sich gegenseitig die Hände, betrachten ihr »Abschiedsbild« und sagen laut und deutlich den folgenden Abschiedsreim:

Die Gruppe tut mir gut!
Sie gibt mir Kraft und Mut!
Ich freue mich auf morgen
und mach mir keine Sorgen!

Herbstblätter

- **Spieler/innen:** ab 2 Kinder
- **Material:** für jedes Kind 2 große Herbstblätter

Alle Kinder sammeln zwei große Herbstblätter und bilden einen Kreis. Sie sprechen folgende Abschiedsverse, während sie sich dazu bewegen:

Der Herbstwind, der braust!
Der Herbstwind, der saust!
Die Kinder halten in jeder Hand ein Herbstblatt und strecken ihre Arme seitlich aus. Sie machen große Kreise. Dann strecken sie ihre Arme nach vorne und bewegen ihre Herbstblätter auf und ab.

Sieh, wie er die Blätter rüttelt!
Sieh, wie er die Blätter schüttelt!
Die Kinder schütteln ihre Hände mit den Herbstblättern.

Im Herbst sind die Blätter viel bunter
und fallen zum Abschied vom Baum herunter. – Adieu!
Die Kinder heben ihre Blätter in die Luft, lassen sie auf den Boden fallen und sagen: »Adieu!«

Danke und auf Wiedersehen!

- **Spieler/innen:** ab 3 Kinder
- **Material:** Stöcke

Alle Kinder stehen im Kreis und halten einen Stock in den Händen. Ein Kind beginnt das Spiel und wünscht sich eine Bewegungsart, die es vormacht. Dabei sagt es zum Beispiel: »Bevor wir nach Hause gehen, wünsche ich mir, dass alle Kinder ihren Stock auf den Boden legen und darüber springen.«.
Anschließend machen alle Kinder die vorgemachte Bewegungsart nach, indem sie ihren Stock auf den Boden legen und über diesen springen. Reihum wird dieses Spiel fortgesetzt und mit jeder Runde eine neue Bewegungsart vorgemacht, zum Beispiel sollen alle ihren Stock

- über den Kopf halten und auf Zehenspitzen zur Kreismitte gehen,
- vor die Knie halten und über den Stock steigen,
- hinter dem Rücken halten und hin und her bewegen,
- wie einen Spazierstock halten und im Kreis herumgehen,
- zum Musizieren verwenden und einen Rhythmus auf den Boden klopfen.

Am Ende sagen alle Kinder »Auf Wiedersehen!« und legen ihre Stöcke an einem vereinbarten Ort ab.

Baumscheibe – Verabschiedungsspiel

- **Spieler/innen:** ab 5 Kinder
- **Material:** 1 kleine Baumscheibe

Die Kinder sitzen auf Kissen im Kreis. Ein Kind erhält eine kleine Baumscheibe und beginnt das Spiel. Es blinzelt einem beliebigen Kind zu und sagt folgenden Abschiedsreim:

> Rollt die Baumscheibe zu dir,
> ist das ein Abschiedsgruß von mir!

Während das angeblinzelte Kind die rollende Baumscheibe auffängt, steht das andere Kind auf, um seine Tasche und seine Jacke zu holen. Die übrigen Kinder wiederholen das Verabschiedungsspiel, bis nur noch zwei Kinder auf ihren Kissen sitzen. Die beiden Kinder rollen nacheinander die Baumscheibe zur Spielleitung und verabschieden sich.

Ist die Spielzeit schon aus?

- **Spieler/innen:** ab 5 Kinder
- **Material:** etwas Sand

Alle Kinder stehen im Kreis. Die Spielleitung bittet zunächst ein Kind, die Augen zu schließen. Dann blinzelt sie einem anderen Kind zu, das die Sanduhr spielen soll. Es holt sich eine Hand voll Sand und hält ihn fest in der geschlossenen Hand. Mit der anderen Hand macht das Kind ebenfalls eine Faust. Dann streckt es beide Fäuste in die Kreismitte. Nun schließen auch die übrigen Kinder beide Hände zur Faust und strecken diese zur Kreismitte aus. Jetzt darf das Kind seine Augen wieder öffnen. Es erhält die Aufgabe, sich auf die Suche nach den Kindern zu machen, die nicht die Sanduhr darstellen, also keinen Sand in der Hand halten. Glaubt es ein Kind erkannt zu haben, das keine Sanduhr darstellt, tippt es ihm auf die Faust. Zur Kontrolle streckt das angetippte Kind seine

Hand aus. Sind alle Kinder entdeckt, die keinen Sand in der Hand haben, darf sich das suchende Kind zum Abschied ein kleines Spiel wünschen. Trifft es jedoch die falsche Wahl und rieselt Sand beim Öffnen der Hand durch die Finger, sagt die Sanduhr laut folgenden Abschiedsspruch:

Pech gehabt, die Spielzeit ist schon aus!
Wir gehen jetzt nach Haus!

Nach der Nuss ist Schluss!

- **Spieler/innen:** ab 3 Kinder
- **Material:** 1 Nuss

Bis auf ein Kind, das eine Nuss bekommt und in die Mitte geht, sitzen alle Kinder auf Kissen oder Stühlen im Kreis. Das Kind in der Kreismitte hält seine Hände hinter dem Rücken. In einer Hand hat es die Nuss versteckt. Mit dem folgenden Abschiedsreim bittet es ein Kind zu sich und die Nuss zu finden:

Noah, bitte komm zu mir!
Beide Hände reiche ich dir!
Sag', wo ist die Nuss.
Erst dann ist Kindergartenschluss!

Während *Noah* in die Kreismitte geht, streckt das Kind beide Arme in seine Richtung aus. Das ausgewählte Kind deutet auf eine Faust, von der es glaubt, dass sich darin die Nuss befindet. Zur Kontrolle öffnet sich die Faust. Ist die Nuss gefunden, darf *Noah* die Nuss nehmen und das Spiel fortsetzen.

Zur Autorin

Andrea Erkert, geboren 1967, Erzieherin, Entspannungspädagogin. Nach langjähriger Tätigkeit als Kindergartenleiterin ist sie in der Nähe von Stuttgart als Fachlehrerin eine Grundschulförderklasse tätig und erteilt im In- und Ausland Workshops für Eltern, Erzieher/innen und Lehrer/innen zu den Themen Naturerfahrungen, Sinnesförderung, Bewegung, Entspannung, Sprachförderung, Zahlen und Mengenerfassung, Gewaltprävention, Stuhlkreisspiele und Ernährung. Als Autorin veröffentlichte sie unter anderem die Bücher »Kinder entdecken die Natur – Erlebnisspiele mit kleinen Kindern« (2002) und »Schule aus! Spiele und Aktionen für die Ganztagsbetreuung von Grundschulkindern« (2005).

Kontaktadresse für Workshops und Elternabende

Andrea Erkert
Seelacher Weg 79
71522 Backnang

Telefon: 07191 / 90 83 57 oder 0162 / 73 43 792
Fax: 07191 / 90 83 59
E-Mail: andrea.erkert_florida-sun@t-online.de